História & Audiovisual

HISTÓRIA &... REFLEXÕES

Rafael Rosa Hagemeyer

História & Audiovisual

autêntica

Copyright © 2012 Rafael Rosa Hagemeyer
Copyright © 2012 Autêntica Editora

COORDENADORES DA COLEÇÃO HISTÓRIA &...
REFLEXÕES
Eduardo França Paiva
Carla Maria Junho Anastasia

CAPA
Alberto Bittencourt
(Sobre foto de Evert F.
Baumgardner, ca. 1958)

EDITORAÇÃO ELETRÔNICA
Conrado Esteves

REVISÃO
Ana Carolina Lins
Aline Sobreira

EDITORA RESPONSÁVEL
Rejane Dias

Revisado conforme o Acordo Ortográfico da Língua Portuguesa de 1990, em vigor no Brasil desde janeiro de 2012.

Todos os direitos reservados pela Autêntica Editora. Nenhuma parte desta publicação poderá ser reproduzida, seja por meios mecânicos, eletrônicos, seja via cópia xerográfica, sem a autorização prévia da Editora.

AUTÊNTICA EDITORA LTDA.

Belo Horizonte
Rua Aimorés, 981, 8º andar . Funcionários
30140-071 . Belo Horizonte . MG
Tel.: (55 31) 3214 5700

São Paulo
Av. Paulista, 2.073, Conjunto Nacional, Horsa I
11º andar, Conj. 1101 . Cerqueira César
01311-940 . São Paulo . SP
Tel.: (55 11) 3034 4468

Televendas: 0800 283 13 22
www.autenticaeditora.com.br

Dados Internacionais de Catalogação na Publicação (CIP)
(Câmara Brasileira do Livro)

Hagemeyer, Rafael Rosa
  História & Audiovisual / Rafael Rosa Hagemeyer. – Belo Horizonte : Autêntica Editora, 2012. – (História &... Reflexões, 15).

  Bibliografia
  ISBN 978-85-65381-35-2

  1. História 2. História e linguagem 3. História nos meios audiovisuais 4. Linguagem audiovisual 5. Narrativa historiográfica 6. Registros audiovisuais I. Título. II. Série.

12-04343   CDD-900

Índices para catálogo sistemático:
1. História, narrativas e registros audiovisuais 900

Para a Paula, sempre.

Sumário

INTRODUÇÃO 9

CAPÍTULO I
Da legitimidade do audiovisual
como fonte de conhecimento 15

   *O preconceito contra as representações audiovisuais e
suas potencialidades na construção do conhecimento* 17

   *História e linguagem: questões
de método, análise formal e contexto* 39

   *O audiovisual como objeto, problema
e fonte para a pesquisa histórica* 46

CAPÍTULO II
A história dos audiovisuais:
desenvolvimento de técnicas e linguagens 61

   *Precursores: quadros, cenas
e parafernália mecânica* 65

   *O cinema: projeção de luz sobre
tela em uma sala escura* 79

   Televisão: imagens e sons em fluxo contínuo 88

   *Vídeo e videogame: paginação eletrônica
e interatividade* 95

CAPÍTULO III
A história nos meios audiovisuais: entre a veracidade
do registro e o poder evocativo das simulações 107

*O retorno da narrativa e sua relação
com a linguagem audiovisual* 109

*Problemas do discurso documental
na reconstituição audiovisual do passado* 114

*A ambientação histórica nos dramas
cinematográficos: memória e anacronismo* 131

*Do registro audiovisual à narrativa
historiográfica: possibilidades de expressão
audiovisual do conhecimento histórico* 144

REFERÊNCIAS 153

Introdução

As relações entre a produção do conhecimento histórico e os registros audiovisuais são variadas. Em primeiro lugar, porque uma série de produtos culturais cabe no conceito "audiovisual": cinema, animação, vídeo, *games*, clipes, etc. Em segundo lugar, porque cada um desses produtos possui sua própria história, que pode ser compreendida a partir do seu desenvolvimento técnico, das convenções de sua linguagem, das diferentes formas de exploração comercial e do seu impacto no imaginário social e histórico. Em terceiro lugar, porque o historiador pode usar o audiovisual de várias maneiras: como fonte de informações específicas para sua pesquisa, como objeto privilegiado de análise ou para o estudo das diversas formas de representação da História.

Foi tendo essas preocupações em mente que procuramos encontrar uma forma de abordar esses problemas. Jacques Rancière aponta, em um artigo sobre a historicidade do cinema, que as duas maneiras mais comuns de relacionar cinema e história são resultado da transformação de um dos termos em objeto do outro: a história como objeto do cinema, ou o cinema como objeto da história. Ele, contudo, considerava a existência de uma terceira forma de aproximação, que é considerar a historicidade do cinema e suas relações com a mentalidade da época, com uma certa ideia de história – a saber, a história como produção coletiva, em que as ações do cotidiano, das pessoas comuns, passam a ser tão importantes para o historiador quanto os "grandes feitos" dos "grandes homens". Nesse sentido, a mudança de foco da pesquisa histórica, que a partir da segunda geração da Escola dos Annales se voltou para o papel desempenhado pelas massas no seu cotidiano, seria uma influência do cinema – que as trouxe pela primeira vez para o primeiro plano – sobre a historiografia (BAECQUE; DELAGE, 1998).

Em recente artigo sobre fontes históricas, o historiador Marcos Napolitano propõe algo semelhante em relação às primeiras formas: o cinema na história (como fonte para o historiador) e a história no cinema (como a narrativa cinematográfica representa a história). A terceira maneira de analisar a relação entre cinema e história seria uma história do cinema, as técnicas, o desenvolvimento das linguagens, a formação do público e da crítica, além do impacto do cinema no imaginário (NAPOLITANO, 2006, p. 240).

Todas essas questões são relevantes, embora a ordem de apresentação possa variar de acordo com a ênfase que o historiador deseje dar. A princípio, considerar o cinema como fonte da história foi uma obrigação da qual se fugiu durante muito tempo, mesmo depois do paradigma aberto pela Escola dos Annales, que considerava todo e qualquer registro humano como fonte potencial de produção de conhecimento histórico – em parte devido às dificuldades de preservação, acesso e visionamento dos filmes. Faltava um debate metodológico, que começou a ser desenvolvido a partir dos anos 1960 e que teve como marco a obra do historiador francês Marc Ferro nos anos 1970, que considerava tanto os filmes de ficção quanto os documentários como fontes para o estudo da história, embora cada um deles exigisse determinados cuidados por parte do historiador.

Consideramos, entretanto, que o problema é mais sério do que tratar o cinema (e outras fontes audiovisuais) como "fonte de pesquisa". Isso porque, quando o historiador se propõe a desenvolver uma reflexão teórica a respeito da linguagem e dos códigos de representação do audiovisual, como propõe

Napolitano, acaba por se defrontar com os problemas da própria escrita historiográfica. Afinal, o conhecimento histórico sistematizado de forma escrita em um modelo acadêmico de linguagem envolve necessariamente diversos recursos difíceis de serem operados pela linguagem audiovisual: descrições de amplos processos sociais, discussões conceituais, interpretação e análise das fontes, citações bibliográficas e referências cruzadas, etc. Ou seja, estabeleceu-se um tipo de arquitetura textual que foi se consolidando nos departamentos de ciências humanas no século XX, como observou Hayden White, e que se distanciou bastante do modelo narrativo adotado no século XIX. A linguagem dos especialistas gera distanciamento social e consequentemente deixa que diversos veículos de mídia audiovisual acabem detendo hegemonia na produção social da imaginação histórica.

Por essa razão, procuramos sistematizar nossas reflexões em torno de três eixos principais. O primeiro está relacionado com a difícil constituição do audiovisual no campo do conhecimento das ciências humanas e, sobretudo, no campo da história. A aversão ao caráter enganador e artificioso das imagens, presente desde a Antiguidade, havia sido intensificada na Europa no momento em que o uso das imagens foi combatido durante reforma protestante, o que ajudou a valorizar a cultura letrada. O surgimento dos meios audiovisuais no século XX foi visto desconfiança quando, após a Segunda Guerra mundial, o pessimismo da Escola de Frankfurt e suas críticas à indústria cultural foram predominantes nas universidades europeias, como relata Umberto Eco, e apenas a partir dos anos 1960 o cinema ganhou maior estatuto enquanto "produto cultural". Desde então, sua linguagem passou a ser sistematizada e analisada em profundidade nas universidades, inclusive por historiadores. Outros produtos audiovisuais, como programas de televisão e os videogames, permaneceram desqualificados ou ignorados, em razão das dificuldades que ainda apresentam à análise e por causa de seu caráter fluido, descontínuo, difícil de ser apreendido e analisado de forma detida. Assim, abordaremos no primeiro capítulo a antiga desconfiança da comunidade acadêmica em relação ao caráter enganador das imagens e a constituição de um modelo teórico de análise.

O segundo problema é o desenvolvimento técnico dos audiovisuais e o chamado efeito realista produzido pela invenção e pela difusão de aparelhos de captura de sons e imagens em movimento, sua exploração comercial e seus usos políticos. Nesse sentido, procura-se relacionar o desenvolvimento da linguagem audiovisual em contato contínuo com o tipo de sensibilidade de cada época, as diversas formas de produção e exibição de espetáculos de imagem e som e o pacto que estabelecem com o espectador, que finge acreditar na "mentira" que lhe é apresentada. Esse processo de desenvolvimento de uma visualidade culmina no século XIX com a invenção dos mecanismos de registro de imagens e sons. Isso a princípio apresenta potencialidades científicas, por um lado, permitindo uma análise mais acurada das expressões, do movimento, dos ruídos, etc. Por outro lado, a criação de trucagens e a possibilidade de simulações bastante realistas apresentaram aos artistas um imenso potencial para a produção de histórias de ficção e outras formas de entretenimento das massas. A difusão do audiovisual de diversas formas e em diferentes formatos de telas condicionou, por sua vez, o desenvolvimento de diversas linguagens, como as do vídeo e dos *games*, que permanecem se diversificando até hoje.

O último problema a ser abordado é o das diversas formas de narrativa histórica presente nos audiovisuais. Isso envolve o uso do recurso documental ou ficcional em diversos graus, os gêneros de narrativa adotados e o tom empregado em diferentes formatos. O que leva a questionar as formas de produção da história e discutir a possibilidade de uma historiografia audiovisual, ou seja, uma *historiofotia*, para utilizar o conceito formulado por Hayden White a respeito do problema. A experiência do Laboratório de Imagem e Som do curso de

História da Universidade do Estado de Santa Catarina (UDESC) serviu como campo privilegiado para observar os problemas enfrentados por estudantes de História quando tentam dar forma audiovisual ao conhecimento histórico. Este livro busca ser uma síntese das principais discussões sobre o tema, mas também um alerta aos historiadores de ofício. Afinal, a comunidade historiográfica passou quase 80 anos ignorando o cinema, tanto como fonte para a pesquisa histórica quanto como fenômeno de maior impacto no imaginário social. De nada adianta nos trancarmos em empoeirados arquivos para escrever páginas e páginas sobre um passado remoto, como monges copistas alheios à realidade que nos cerca. Para a maioria da população, a história que existe é aquela que se imagina. Cabe aos historiadores, embora não apenas a eles, fazer a sociedade imaginar a história, seja com palavras ou acompanhados de imagens e sons. Certamente, dirão, o historiador não é cineasta, como também não é poeta. Mas as imagens que ele produz não precisam ser necessariamente artísticas. Devem, como suas palavras, ser claras e, dentro de uma argumentação coerente, expressar com precisão seu pensamento – e também os sentimentos que o tema mobiliza. Utilizando-nos unicamente da palavra escrita, pretendemos modestamente ter atingido essa meta.

CAPÍTULO I

Da legitimidade do audiovisual como fonte de conhecimento

No ano de 1927 estreava no cinema *O cantor de jazz*, o primeiro filme sonorizado da história. A atriz May McAvoy, uma das estrelas do filme, penetrava na sala de projeção para espiar a reação do público e constatava: "Um milagre ocorreu. As imagens em movimento realmente ganharam vida. Vendo a expressão em seus rostos, quando Joley falava com eles... se pensaria que eles estariam escutando a voz de Deus" (BERG, 1998, p. 169, tradução nossa). Fazia mais de 10 anos que o público americano estava acostumado a frequentar salas de projeção para acompanhar histórias produzidas em Hollywood, contadas através de sequências de letreiros e imagens em movimento. A gravação da voz também não era novidade: 50 anos depois da invenção do fonógrafo, os discos de gramofone já haviam se convertido em um dos mais populares artigos de consumo cultural. A sincronização da imagem com o som, entretanto, produzia um efeito sinestésico que simulava o contato direto com a realidade.

A ilusão de realidade ainda era bastante restrita, e diríamos mesmo que bem calculada, inserida quase que como um "efeito especial" no meio do filme. Naquela primeira exibição, para muitos espectadores a imagem ainda não passava de uma sombra em preto e branco, e o filme começava com os clássicos letreiros interpostos, até que, de repente, o personagem começava a cantar e adquiria um aspecto sobrenatural. O que consideramos hoje uma técnica que confere maior "realismo", como é a sincronização do som com a imagem em movimento, foi usado comercialmente pela primeira vez para produzir uma realidade "fantástica": era como se a voz conferisse alma a um corpo que, até então, não passava de um espectro de luz. Realidade assombrosa, por seu caráter fantasmagórico, a figura do ator Al Jolson começou a interpretar ao piano a canção "Blue skies", simulando uma relação de causalidade entre a voz ouvida pelos alto-falantes e os movimentos produzidos pela boca da figura projetada na tela.

Talvez não seja exagero afirmar que o cinema havia falado e a primeira coisa que expressou foi sua vontade de ser colorido – porque era só o que ainda lhe faltava. A canção "Blue skies", de Irving Berlin, interpretada por Al Jolson no filme *O cantor de jazz*, buscava o prazer em ver os céus azuis, e não mais o céu cinza e deprimido que eram aqueles céus das imagens em preto e branco, por mais ensolarados que fossem. E desde então, a linguagem audiovisual tem se aperfeiçoado, buscando, através de diferentes efeitos, produzir simulações da realidade, bem como transformá-la através de diversos recursos de plasticidade. Hoje somos bombardeados com efeitos audiovisuais os mais variados, provenientes dos múltiplos aparelhos que nos cercam em nosso cotidiano, e vamos perdendo nossa capacidade de nos surpreender com o que é apresentado nas telas.

A tecnologia audiovisual avança, contudo, para a superação da própria noção de tela, com o desenvolvimento de tecnologias em três dimensões que permitam experimentar de forma mais abrangente a situação simulada. O que aconteceria se essa tecnologia se tornasse mais barata e permitisse às pessoas normalmente se sentirem como se estivessem literalmente "vivendo nos filmes" ou "entrando nos lugares" e, principalmente, interagindo com a "realidade simulada"? É perfeitamente possível que pessoas conectadas em diferentes lugares "entrem" em um ambiente virtual e interajam, como em sites de relacionamento, mas a ilusão da presença física em três dimensões ainda é uma simulação muito restrita ao universo dos jogos e do treinamento militar. Pode ser, entretanto, que, com o avanço e o barateamento das tecnologias, num futuro próximo, reuniões de trabalho, aulas e congressos sejam realizados em ambientes virtuais que simulem uma situação verdadeiramente "presencial", superando as últimas resistências que existem em relação ao ensino e ao debate a distância, o que certamente diminuiria os gastos com a locomoção física.

Essa possibilidade de vivermos interconectados através de ambientes totalmente virtuais, entretanto, desperta um antigo temor, revigorado através do filme *Matrix* (1999), no qual seres humanos vivem numa realidade simulada pelas máquinas, enquanto na realidade física eles oferecem seus corpos como fonte de energia vital para o abastecimento desse novo mundo. O medo de que as pessoas se abandonassem às suas fantasias e perdessem totalmente o compromisso social, ou mesmo a própria noção de "realidade", parece assombrar a humanidade a cada nova descoberta no campo da comunicação. Depoimentos de diferentes épocas testemunham essas reações de surpresa e assombro diante da capacidade humana, através da ciência, em transcender as limitações dadas pela natureza dos nossos corpos. E, na comunicação audiovisual, esse assombro se projeta na capacidade de viver em uma "realidade artificial".

O preconceito contra as representações audiovisuais e suas potencialidades na construção do conhecimento

De um extremo a outro, nossa reação pode variar entre o deslumbramento diante das potencialidades que abrem para o aprendizado humano, ou o terror diante das implicações que esse tipo de artifício fantasioso poderia ter no entorpecimento das consciências. Ao longo do século XX, essas duas posturas marcaram os debates acadêmicos em torno do significado da produção audiovisual na sociedade contemporânea. Contudo, elas refletem expectativas e angústias que já haviam sido explicitadas, muito tempo antes, no domínio das artes, campo onde a capacidade de elaboração da linguagem simbólica adquire formas mais elaboradas de representação. Neles, fica aguçada a preocupação da filosofia e das humanidades em geral em relação ao potencial que a combinação de imagens e sons possui no processo não apenas de comunicação humana, mas sobretudo no poder de sedução que elas exercem, em contraposição ao exame tranquilo e cauteloso exigido para a contrução de conhecimento.

O temor, sobretudo das autoridades políticas e religiosas, em relação ao poder persuasivo das imagens, certamente não é novo. Entre as histórias bíblicas existe a referência ao "Bezerro de Ouro", fabricado e idolatrado pelos hebreus durante sua peregrinação pelo deserto, enquanto Moisés subira ao monte Sinai para receber do deus Javé os dez mandamentos. Toma-se por princípio que o verdadeiro Deus é invisível, manifesta-se aos homens através unicamente do verbo, como nas "tábuas das leis" trazidas por Moisés. A idolatria das imagens parecia ser uma tendência dos homens ao pecado, e assim mereceria ser combatida.

O poder evocativo das imagens e sons, utilizado com cautela, foi sendo aperfeiçoado gradualmente com o desenvolvimento artístico da humanidade. A definição de critérios de valoração de uma obra de arte foi, ao menos desde os antigos gregos, tomada em relação à sua capacidade de imitar a aparência das coisas na natureza. Seria a arte apenas uma cópia bem-feita daquilo que vemos?

Em caso afirmativo, o melhor artista seria aquele que conseguisse reproduzir a forma e o volume dos objetos visíveis, a variação de tonalidade das cores de acordo com a incidência de luz em cada uma de suas partes, seu reflexo de acordo com a textura de sua superfície. Os gregos teriam partido da fria rigidez dos modelos, inspirados nos padrões da arte egípcia, e passado a modelar os corpos e dar a eles graça e movimento, buscando o equilíbrio entre o calculo geométrico e as formas leves e balanceadas percebidas na natureza.

Os domínios da imagem e do som eram, entre os antigos gregos, relativos a dois deuses diferentes, como observou Nietzsche ao analisar a tragédia grega como exemplo clássico cujo efeito parte da combinação desses dois princípios:

> A seus dois deuses da arte, Apolo e Dionísio, vincula-se a nossa cognição de que no mundo helênico existe uma enorme contraposição, quanto a origens e objetivos, entre a arte do figurador plástico, a apolínea, e a arte não figurada da música, a de Dionísio, ambos os impulsos tão diversos, caminham lado a lado, na maioria das vezes em discórdia aberta e incitando-se mutuamente a produções sempre novas, para perpetuar nelas a luta daquela contraposição sobre a qual a palavra comum "arte" lançava apenas aparentemente a ponte; até que, por fim, através de um miraculoso ato metafísico da "vontade" helênica, apareceram emparelhados um com o outro, e nesse emparelhamento tanto a obra de arte dionisíaca quanto a apolínea geraram a tragédia ática (NIETZSCHE, 2006, p. 27).

Essa concepção dual da tragédia grega, em termos audiovisuais, estaria relacionada com os dois "impulsos" identificados por Nietzsche. O primeiro seria o impulso onírico apolíneo, que entende as imagens do sonho como revelação esplendorosa da visão divina. Apolo combina a beleza e a verdade radiante de um deus ligado à luz solar, que revela aos homens a verdade contida nos princípios da justa medida entre as coisas ao lhes dar a contemplar a beleza dos ideais nobres e elevados, no equilíbrio das emoções e do juízo. O sonho seria o universo da imagem, da contemplação estética, da criação dos pintores e dos poetas, que literalmente criam figuras e situações a partir daquilo que "imaginam". A antevisão criativa, também chamada inspiração, seria um vislumbre do mundo belo, da perfeição olímpica, um presente ao artista dado pelos deuses para servir de prefiguração da sua obra. O sonho não é tido aqui, portanto, como engano ou devaneio, mas como estado elevado de espírito, verdade superior da arte, que torna a vida digna de ser vivida.

Outro seria o impulso da embriaguez dionisíaca, um estado de êxtase produzido por narcóticos, pela alegria extasiante da primavera, pelo poder contagiante que determinados tipos de música dançante exercem sobre os grupos humanos. Assim, o processo de individuação que Nietzsche identifica com a contemplação apolínea se rompe quando a alegria coletiva restitui a unidade original da comunidade humana, produzindo uma sensação de reconciliação do homem com a natureza. Essa união primordial, rompida com o advento da civilização e suas leis que restringem a vontade, seria restituída pelo ritual dionisíaco, permitindo a inversão de papéis sociais, e os homens, em sentimento de plena potência, se converteriam eles próprios em obra de arte, arrastados pela correnteza dos sentimentos neles emulados.

Evidentemente, existem manifestações musicais "apolíneas", bem como imagens de caráter "dionisíaco". Contudo, prevalece no apolíneo a contemplação distanciada, a serenidade e o equilíbrio que a música não pode alcançar na totalidade, pois é uma arte de mudança, de movimento, de um "fluxo". Os hinos délficos, de louvor a Apolo, são cantos solenes, lentos, nos quais fica realçado o significado sagrado das palavras evocadas, marcado por um ritmo regular e por uma base constante. Para a produção de uma imagem dionisíaca, ao contrário, o artista busca simular o efeito de êxtase, de movimento das figuras, e por maior que seja a ilusão que possa gerar, o resultado será sempre uma figura estática.

Nietzsche identifica que o pensamento racionalista ocidental é marcado pela perspectiva apolínea: a aquisição de conhecimento é fruto da observação clara, paciente e distanciada do objeto, em contraposição à intuição dionisíaca que se deixa levar pela dinâmica intuitiva dos sentidos. Eis porque a arte da música, bem como a tragédia grega que dela se originou, possui uma base dionisíaca, na medida em que partem não de uma "imagem simbólica do sonho", mas da emulação de sensações, que musicalmente vai expressando suas emoções ao longo de um intervalo de tempo.

Podemos, tomando as considerações de Nietzsche, perceber também no audiovisual um caráter igualmente dionisíaco. Afinal, ele só existe como um fluxo de imagens e sons em um determinado ritmo sincronizado, e, tal como a música e o teatro, não permitiria uma análise pormenorizada e distanciada de todos os seus elementos, pois o faz de forma combinada e muito rapidamente, satisfazendo o nosso olhar ao exibir o movimento constante. Com isso, podemos compreender também por que ele foi considerado muitas vezes pouco apropriado para a produção de conhecimento.

Essa era a opinião de Platão, que, preocupado com princípios eternos da razão e da justiça, considerava que a arte imitativa da natureza não era mais do que uma cópia de outra cópia – pois as coisas que existem no mundo já seriam uma cópia dos conceitos perfeitos que existem no mundo das ideias. Em relação à música, ele via com restrições as formas musicais que exacerbavam tensões e sentimentos violentos, considerando a música cívica como fundamental para sintonizar os homens com a "harmonia das esferas", concepção pitagórica que relacionava a música à astronomia, como ruído produzido pela órbita dos planetas:

> O aprofundamento da separação entre a música apolínea e a dionisíaca a favor da primeira provocará, com o tempo, a estabilização de uma hierarquia em que, assim como a música se subordina à palavra, o ritmo se subordina à harmonia (já que o ritmo equilibrado é aquele que obedece a proporções harmônicas em detrimento dos excessos rítmicos, melódicos e instrumentais da festa popular). Pode-se dizer, considerando a concepção harmônica do ritmo, tal como vigora em Platão, que este, por si só, *não dá logos* (assim como se diria, por outro lado, que *logos não dá samba*) (WISNIK, 2006, p. 104).

Havia portanto a possibilidade de a música auxiliar na incorporação de ideias e valores apolíneos, desde que ela se sujeitasse ao texto e à harmonia. Já as artes figurativas, bem como a tragédia grega e todas as formas de simulação, não teriam nenhuma função na aquisição do conhecimento. Ao contrário da convicção difundida entre os antigos de que o sonho era uma visão da verdade revelada ao artista por Apolo, ele considerava que "a pintura, e de um modo geral a arte de imitar, executa suas obras longe da verdade e, além disso, convive com a parte de nós mesmos, avessa ao bom-senso, sem ter em vista, nesta companhia e amizade, nada que seja são ou verdadeiro" (PLATÃO, 2006, p. 302).

Sendo assim, a arte figurativa só fazia afastar ainda mais os homens da verdade. Em seu livro sobre Leis, entretanto, ele elogia a arte egípcia, por ter representado os corpos de maneira artificial e esquemática, não produzindo nenhuma ilusão ou confusão com a realidade e estabelecendo padrões eternos e universalmente compreensíveis.

Considerar a combinação de imagens e sons como pouco apropriados para a produção do conhecimento pode nos levar a desprezá-los apenas, como uma curiosidade, uma diversão, um passatempo. Entretanto, Platão identificava neles também o perigo de manipulação das consciências humanas, o que poderia gerar consequências catastróficas. No mito da caverna por ele elaborado, os seres humanos são iludidos por sombras projetadas numa parede. Longe da verdade e do conhecimento, vivendo numa atmosfera de ilusão, é impossível tentar trazer esses homens à luz do dia. Apavorados em sua ignorância, prefeririam viver entre as ilusões das imagens do que enxergar o mundo tal como ele é. A célebre alegoria expressa também a posição de muitos teóricos da comunicação no século XX, que veriam na "Caverna de Platão" a profecia da atual sociedade mediatizada.

Aristóteles, por outro lado, considerava o apreço pelas imagens como uma característica inerentemente humana. Em sua capacidade de replicar a realidade, o ser humano se diferenciaria dos animais por aprender por meio da imitação. É assim que ele afirma o caráter redentor das imagens:

> [...] temos prazer em contemplar imagens perfeitas das coisas cuja visão nos repugna, como animais ferozes e cadáveres. O aprendizado apraz não só os filósofos, mas também aos demais homens, embora a estes ele seja menor. Se olhar as imagens proporciona deleite, é porque a quem contempla sucede aprender a identificar cada uma delas (ARISTÓTELES, 2000, p. 40).

Se os filósofos são capazes de obter maior prazer e aprendizado com as imagens, isso significa que a capacidade de aprender com elas depende menos de seu teor do que do olhar daqueles que a observam, de sua capacidade de associação com um amplo repertório e da relação com conceitos filosóficos que permitem compreendê-las. Com a evolução técnica, seríamos tentados não apenas a concordar com Aristóteles como também a acrescentar que a produção de significado depende também da ordem em que as imagens são apresentadas e da relação de significado produzida entre elas e os sons que as acompanham.

A desconfiança em relação ao fascínio despertado pela imagem e seu caráter enganoso não desapareceu jamais. Em vários momentos da história surgiriam movimentos de caráter político ou religioso, às vezes sem nenhuma inspiração platônica, que colocariam as imagens sob suspeita. Os iconoclastas do Império Bizantino as destruíram; os muçulmanos estabeleceram a proibição de quaisquer representações figurativas, consideradas igualmente como desviantes da verdadeira fé; e mesmo o neoplatonismo que marcou o cristianismo medieval utilizava as imagens de maneira meramente esquemática, com finalidades pedagógicas para a propagação dos seus valores, evitando efeitos de "realismo" e sensualidade que marcaram a produção artística greco-romana.

Todos esses receios foram revitalizados na civilização ocidental a partir do Renascimento italiano e da Reforma Protestante.

Na Itália renascentista, era necessário ver para conhecer, e o trabalho de dissecação de cadáveres feito por Andrea Vesalio e Leonardo da Vinci permitiu-lhes reproduzir desenhos das vísceras do corpo humano. Por outro lado, a partir da rebelião de Martinho Lutero, o catolicismo passou a ser visto como uma religião de idólatras, que veneravam imagens de santos em vez de buscar a verdadeira compreensão dos evangelhos no livro sagrado – a Bíblia. Lutero, como professor universitário, acreditava que a leitura e a interpretação do texto era o caminho da salvação.

Esse "culto ao evangelho", ou seja, essa devoção à palavra escrita do livro sagrado, se expandiu com outros reformadores e teve como contrapartida na Europa protestante um forte impacto sobre a produção da música e das belas-artes, até então financiadas em boa parte pelo mecenato dos membros da Igreja. Vários movimentos violentos pela destruição de imagens e saque das igrejas foram incentivados por radicais puritanos que as consideravam obras que estimulavam a vaidade dos clérigos e a crença em falsos ídolos – identificados, no caso, como os santos católicos. A música igualmente foi muitas vezes condenada, suspeita de servir ao demônio para inspirar nos homens o sentimento da lascívia. Atuando no entorpecimento dos sentidos, a música, assim como o vinho, as cores voluptuosas e todos os estímulos de apelo dionisíaco, eram enfraquecedores da consciência e potenciais catalisadores do pecado. Subjazia a mesma desconfiança platônica em relação à música instrumental que, a serviço do puro deleite dos sentidos e sem ser portadora de uma mensagem verbal, era de significado altamente instável. A música, se permitida, deveria para os evangélicos ser simples e sóbria, permitindo que qualquer membro da comunidade, sem nenhuma educação musical, fosse capaz de cantá-la. Essa foi a intenção de Lutero, que considerava a música, segundo Carpeaux, "a maneira mais digna de adorar a Deus", sendo a contrapartida de uma religião sem adoração de imagens: "à Igreja invisível do luteranismo corresponde a arte invisível do coral" (CARPEAUX, 2001, p. 41).

A Igreja Católica, por sua vez, reagiu aos ataques dos protestantes contra seu modelo de liturgia com a contrarreforma. Um dos resultados é que passou a investir com mais vigor nas belas-artes para produção de imagens sacras, na teatralização dos rituais litúrgicos, e reafirmou o uso da música para amplificação dos efeitos de deslumbramento no interior dos templos – a missa como obra de arte inspiradora, no sentido apolíneo, deveria ser a contemplação dos mistérios do sagrado. Os jesuítas levaram a teatralização do ritual litúrgico ao extremo, mobilizando todos os recursos pictóricos, musicais e dramáticos, para produção de rituais e procissões teatrais, visando com isso reproduzir entre os homens as expressões da glória de Deus nos céus.

Com a chegada dos europeus na América, desenvolveu-se uma verdadeira "guerra de imagens". O combate às "idolatrias" foi parte estratégica da conquista espanhola, sobretudo no México e no Peru: demonizaram-se as antigas religiões e baniram-se imagens e práticas "pagãs", relacionadas àquilo que os clérigos consideravam "adoração de demônios". Entretanto, em sua busca pela catequização e incorporação dos nativos, negros e mestiços à sua esfera de adoração, foram desenvolvidos pela Igreja colonial verdadeiros espetáculos de imagem e som. Com a participação de grupos subalternos, quando toleradas pelas autoridades civis e religiosas da colônia, essas celebrações eram acompanhadas por música e dança, que conferiam à religiosidade ares de uma festa dionisíaca. Isso foi possível principalmente durante o período barroco, com o desenvolvimento de uma nova política de imagens, mais integradora. Gruzinski analisa a forma como esse processo se desenvolveu no México colonial, onde o culto à Virgem de Guadalupe, estimulado pelo bispo Montúfar, estabeleceu

> [...] a política mais tortuosa que, sem hesitação, foi aplicada em um terreno de alto risco, repudiada pelos franciscanos, pois ela apostava na recuperação da sensibilidade idolátrica e na exploração de um culto florescente nos anos 1550, o das imagens: "Agora,

nesta época, fazem imagens de Nossa Senhora e dos santos, que adoram em todo lugar". Tratava-se de uma tática estritamente limitada – desnecessário dizer – pelas proteções da ortodoxia, mas suficiente para amortecer o acesso dos índios ao cristianismo (GRUZINSKI, 2006, p. 149).

O antagonismo dessas duas políticas de imagens – a "pedagógica" dos franciscanos e a "integradora" do bispo Montúfar – são comparadas por Gruzinski às diferentes perspectivas adotadas pelos muralistas mexicanos dos anos 1930, por um lado, e à atual estratégia massificadora da rede Televisa, por outro. A comparação em relação ao papel simbolicamente integrador da televisão, comparado com aquele desempenhado pela Igreja colonial, ajuda a compreender também a desintegração e a ruptura ocorridas no contexto iluminista. No século XVIII, a política espanhola sob influência do pensamento iluminista foi bem mais restritiva em relação ao culto das imagens, principalmente depois da expulsão dos padres jesuítas dos domínios espanhóis. Gruzinski considera a defesa do culto das imagens um elemento fundamental para compreender o sentimento de revolta popular que culminou nos movimentos pela independência mexicana. Liderados por padres que empunhavam o estandarte da Virgem de Guadalupe, a independência do México foi, a princípio, um movimento em defesa da religião, contra os novos governantes "ateus afrancesados", incapazes de oferecer ao México um espelho tão eficaz quanto aquele da Igreja colonial.

Se no México o iluminismo não ofereceu alternativas para uma nova "síntese integradora" da sociedade através das imagens, a Revolução Francesa redimensionaria o potencial dos recursos da combinação de imagens e sons na propaganda política. A extravagância sensual das artes, característica da arte rococó, era acusada de ser uma manifestação de frivolidade aristocrática, de sua alienação em relação ao mundo dos homens comuns. O poder dos símbolos em despertar a ação das massas se tornaria a nova preocupação diante da dionisíaca orgia de violência revolucionária despertada: a combinação entre a música da Marselhesa e a imagem da bandeira tricolor exercia efeito desconhecido entre os soldados e, por parte das aristocracias europeias, era algo temível. Contudo, ao entusiasmo dionisíaco seria contraposta a nova ordem: a organização dos "cultos à razão" e a utilização da "alegoria solar" em sua propaganda faziam o Estado revolucionário se representar como órgão que vinha instituir o equilíbrio da justiça perdido – ideal apolíneo do iluminismo – e o comedimento neoclássico culminaria com a propaganda imperial de Napoleão Bonaparte (STAROBINSKI, 1989). O potencial político máximo das artes a partir de então seria explorado a partir da ópera, que deixava de ser diversão de aristocratas para tornar-se entretenimento popular – ou também veículo de propaganda revolucionária. Fusão de todas as artes conhecidas, a ópera é precursora da síntese operada pelo cinema e, portanto, o audiovisual também lhe é tributário.

Na medida em que avançava o processo revolucionário, as massas exigiam maior acesso aos bens culturais e às artes. Formam-se museus, expandem-se galerias, buscam-se formas de levar ao público os espetáculos antes só acessíveis à nobreza. Coube à Revolução Industrial, por outro lado, a criação de meios de reprodução técnica e em larga escala no século XIX que viessem a satisfazer o desejo e a curiosidade das massas – e assim melhor "educá-las", segundo o ideal iluminista.

A invenção da fotografia viria a incrementar essas possibilidades, capturando em uma câmera, através de um processo ótico e químico, a imagem dos objetos refletida pela luz. Dispensava-se o papel intermediário do desenhista ou do pintor e, portanto, a subjetividade de seu traço na reprodução da aparência das coisas. Enquanto alguns saudavam o invento com entusiasmo, vendo nele a possibilidade de democratização da arte e do direito a ser retratado, o poeta Charles Baudelaire se insurgia contra aquele novo culto que crescia em torno do objeto fotográfico. Denunciando o filisteísmo das massas, ele condenava a obsessão "naturalista" e a ideia de que o grau de perfeição com que se "reproduzia" a realidade seria o critério de valoração de uma obra de arte.

Longe do mundo das artes, o poeta circunscrevia a fotografia no mundo da ciência e da história (BAUDELAIRE, 1999, p. 365): "Que ela salve do esquecimento as ruínas que restam, os livros, as estampas e os manuscritos que o tempo devora, as coisas preciosas cuja forma vai desaparecer e que pedem um lugar nos arquivos da nossa memória" (tradução nossa). Ao relegar o papel da fotografia ao de um instrumento, um auxiliar da observação da natureza e da memória, Baudelaire indicava o uso que historiadores poderiam fazer dela. Estes, contudo, não estavam tão seguros da validade do documento fotográfico como evidência e tardaram bastante até reconhecê-la.

Ao final do século XIX, novas formas de capturar o som e a imagem se desenvolveram, voltadas cada vez mais para suas potencialidades comerciais a partir da reprodução em massa. A invenção do fonógrafo tornou possível gravar as vozes tanto dos inflamados oradores políticos quanto das vedetes dos cabarés. E o cinema registrava o movimento das ruas de Paris e a encenação de comédias ligeiras feitas por artistas circenses. Que lugar essas vozes e essas imagens ocupariam "nos arquivos da nossa memória", para usar a expressão de Baudelaire? Em que sentido essas gravações serviriam como portadoras de significado para o historiador preocupado com as transformações da sociedade?

A voz dos políticos pouco acrescentava ao que já se sabia, pois seus discursos eram há muito tempo registrados em "documentos oficiais" utilizados por historiadores positivistas. Eram, afinal, as vozes do poder... Já o movimento das ruas de Paris, por outro lado, nos parece hoje um documento vivo da sociedade da época: vemos nesses filmes os lugares, as pessoas que os frequentavam, com suas vestimentas, sua gestualidade e tudo aquilo que estava incorporado aos seus códigos de conduta. Quanto às canções de cabaré, bem como os pequenos filmes protagonizados por cômicos circenses, pode-se dizer que seu registro e sua preservação eram mais raros, e o surgimento da gravação do som e da imagem não apenas permitiu sua maior difusão como também lhes deu um suporte da "memória". Em outras palavras, canções de duplo sentido ou comédias de moralidade duvidosa passaram a ser perpetuadas através do tempo. Restam ainda hoje vários fragmentos desse mundo que já não existe e que, para o olhar conservador da época, não deveria jamais ter existido.

Levou ainda bastante tempo para que historiadores e demais pesquisadores das humanidades percebessem que o timbre da voz, a entonação das palavras e o ritmo do discurso registrados são agregadores de sentido conotativo que não devem ser ignorados para se compreender o efeito que exercem sobre os ouvintes. O surgimento do rádio e sua audiência massiva e simultânea gerou a unificação virtual de uma população dispersa geograficamente, que poderia ser nivelada e moldada pelas técnicas de difusão. O enorme potencial de simulação e manipulação do rádio pode ser exemplificado com o impacto do "experimento" realizado no ano de 1938 por Orson Welles. Utilizando os recursos de entonação realista do radiojornalismo, ele encenou uma "invasão dos marcianos" inspirado no romance *A guerra dos mundos*, de H. G. Wells. Essa encenação foi capaz de produzir tamanha sensação de veracidade que gerou um pânico coletivo nos Estados Unidos, provocando engarrafamentos, fugas desesperadas e até suicídios – e Orson Welles teve que responder criminalmente por sua "brincadeira".

O cinema não foi um meio de comunicação menos suspeito do que o rádio. Muito cedo surgiram teorias a respeito dos efeitos psicológicos que o cinema exerce sobre os espectadores, e logo começaram as discussões sobre seu estatuto como arte. Walter Benjamin seria, senão o primeiro, o mais célebre teórico da comunicação a defender que o cinema era "arte industrial" e, como tal, era totalmente dependente da "técnica", condicionado pela reprodutibilidade como condição fundamental de sua produção. No clássico ensaio "A obra de arte na era de sua reprodutibilidade técnica", ele denunciava igualmente as concepções reacionárias que tentavam dotar o cinema de uma "aura", um valor de culto que ele não tinha e não poderia ter, pois não era uma obra única, nem produzida por apenas um artista. Por outro lado, a desconfiança contra o cinema partiria de um sentimento de superioridade aristocrática, daqueles que, como Duhamel, consideravam o cinema como "divertimento de ilotas, passatempo de analfabetos, de criaturas miseráveis":

> Como facilmente se percebe, no fim das contas, aqui, se reencontra a velha lamentação: as massas buscam diversão, mas arte exige recolhimento. É um lugar-comum. Mas cabe perguntar se ele oferece uma boa perspectiva para compreender o cinema. É preciso olhá-lo de mais perto. Para traduzir a oposição entre diversão e recolhimento, poder-se-ia dizer o seguinte: quem se recolhe diante de uma obra de arte é envolvido por ela, penetra nela [...]; no caso da diversão, ao contrário, é a obra de arte que penetra na massa (BENJAMIM, 2000, p. 250-251).

Dessa forma, Benjamin se colocava contra o melodrama comercial e o culto ao "estrelato" de Hollywood, que inspirava ditadores fascistas a posarem como ídolos diante das câmeras. Diante disso, ele defendia o direito que o cinema russo reservava às massas de se verem refletidas na tela e a necessidade do cinema de não se limitar a uma "cópia" da realidade, mas transpor essa mesma realidade rumo ao fantástico e ao absurdo, como os surrealistas estavam fazendo.

O "medo" de que os novos meios de comunicação fossem usados para o "mal" se agravou com a ascensão do fascismo na Europa. Aqueles que se dedicaram a entender o surgimento do nazi-fascismo, com seus uniformes, seus rituais, sua gestualidade, seus símbolos, utilizaram maciçamente as filmagens dos discursos de Hitler e os desfiles militares da SS para compreender o fenômeno totalitário. A gestualidade dos líderes e o caráter performático de seus discursos só poderiam ser compreendidos pelos efeitos que obtinham ao serem amplificados pelos meios radiofônicos e cinematográficos. Siegfried Kracauer se notabilizou com seu estudo *De Caligari a Hitler: uma história psicológica do cinema alemão* como um dos primeiros a se dedicar ao estudo do cinema para analisar o surgimento da mentalidade nazista a partir dos filmes produzidos na Alemanha durante a década de 1920. Em linhas gerais, sua tese é bem sintetizada nas seguintes linhas:

> Caligari é uma premonição muito específica, no sentido em que ele utiliza poder hipnótico para forçar sua vontade sobre sua ferramenta – a técnica de projeção de sombras, em conteúdo e propósito, aquela manipulação da alma que Hitler foi o primeiro a colocar em prática em escala gigantesca (KRACAUER, 2004, p. 72-73, tradução nossa).

Através dos filmes de ficção e noticiários de cinema era possível estabelecer uma relação direta entre os efeitos produzidos pela combinação de sons e imagens e seu impacto na adesão das massas. Como um espectro fascinante, mas que às vezes mostra uma face sinistra, o cinema passou a ser encarado com maior desconfiança.

Alguns teóricos do totalitarismo passaram a desconfiar não apenas do uso feito dos meios de comunicação, mas dos próprios meios como intrinsecamente produtores da alienação programada das consciências nas sociedades massificadas do século XX. A mais notável de todas essas escolas foi a da chamada Teoria Crítica, de Adorno e Horkheimer. Para eles, não apenas o nazismo produzia a massificação do homem médio mas também Hollywood e a televisão comercial produziam o mesmo tipo de entorpecimento social, esvaziando o sentido da cultura. A indústria cultural, organizada para obtenção do lucro através de estratégias comerciais, nada mais fazia do que satisfazer o prazer neurótico das massas exploradas pelo capitalismo, oferecendo a elas a repetição dos clichês. Não é mais o filme sonoro que imita a vida, ao contrário:

> A velha experiência do espectador de cinema, que percebe a rua como um prolongamento do filme

que acabou de ver, porque este pretende ele próprio reproduzir rigorosamente o mundo da percepção quotidiana, tornou-se a norma da produção. Quanto maior a perfeição com que suas técnicas duplicam os objetos empíricos, mais fácil se torna hoje obter a ilusão de que o mundo exterior é o prolongamento sem ruptura do mundo que se descobre no filme. Desde a súbita introdução do filme sonoro, a reprodução mecânica pôs-se ao inteiro serviço desse projeto. A vida não deve mais, tendencialmente, deixar-se distinguir do filme sonoro. Ultrapassando de longe o teatro de ilusões, o filme não deixa mais à fantasia e ao pensamento dos espectadores nenhuma dimensão na qual estes possam, sem perder o fio, passear e divagar no quadro da obra fílmica permanecendo, no entanto, livres do controle de seus dados exatos, e é assim precisamente que o filme adestra o espectador entregue a ele para se identificar imediatamente com a realidade (ADORNO; HORKHEIMER, 1985, p. 118-119).

    A Teoria Crítica avaliou o impacto do cinema no imaginário das massas, lançando uma sombra sobre o otimismo iluminista em relação ao potencial da ciência na difusão da cultura e do conhecimento. Cinema, rádio, televisão, eram todos instrumentos de idiotização das massas a serviço do consumo na sociedade industrial. Partindo da visão marxista de que a ideologia é uma falsa consciência, uma projeção invertida da realidade (metáfora tomada da própria câmera obscura a partir da qual se desenvolveu a fotografia), o cinema não passaria de uma máquina produtora de ilusões, mentiras calculadas para serem incorporadas nas mentes das massas exploradas. Anestesiadas pelos produtos da indústria cultural, as massas proletárias seriam incapazes de desenvolver a luta de classes e adquirir a consciência revolucionária. Aos cientistas sociais, nada restava fazer senão denunciar o mais alto possível essa situação, ainda que essa denúncia parecesse muitas vezes inútil.
    O texto de Adorno e Horkheimer foi publicado pela primeira vez em 1944 e é um testemunho do desprezo dos intelectuais

pelo rádio comercial e pelo cinema hollywoodiano no contexto da Segunda Guerra Mundial. O cinema não parecia oferecer nada mais que ilusões, mas, ao lado da ficção escapista oferecida pelo cinema hollywoodiano da Grande Depressão – que parece ser o objeto não explicitado da análise da "indústria cultural" –, havia também documentários que registravam as destruições ocorridas no *front* e que serviriam depois como evidência dos horrores da guerra. Embora a apresentação interpretativa das sequências de imagens em forma de "filme" servisse igualmente às distorções da propaganda, com o efeito adicional de serem apresentadas como "registro objetivo da realidade", o documentário de guerra serviria para os historiadores começarem a considerar os registros audiovisuais como importantes testemunhos da história.

O período final da Segunda Guerra na Europa havia despertado entre a população uma busca desesperada pela verdade, pois a eficácia da propaganda nazi-fascista era vista como responsável pela miséria e pela destruição produzidas em larga escala. Dessa obsessão pela realidade surgiria na Itália um novo tipo de cinema, que evitava deliberadamente os truques de montagem, procurava registrar a espontaneidade das figuras populares ao ar livre, buscando locações autênticas, tentando captar o som direto no mesmo momento da gravação das imagens. Quanto ao enredo, seus filmes tematizavam as dificuldades de reconstrução da vida do povo italiano após a guerra, a luta dos trabalhadores pobres pela sobrevivência diária, histórias que não raro terminavam em um beco sem saída. Esse gênero de cinema, batizado como Neorrealismo Italiano, distanciava-se das fórmulas de sucesso consagradas pelos estúdios de Hollywood e apresentava um novo dado de realidade que passou a interessar os intelectuais, sobretudo na França, onde surgiria o movimento da Nouvelle Vague, inicialmente inspirado nos mesmos princípios do neorrealismo.

Esse "estatuto de verdade" despertava o reconhecimento dos jovens intelectuais, que reverenciavam esse "novo tipo" de cinema. Surgiram importantes veículos que teorizavam sobre os efeitos de realidade produzidos por esse cinema, notadamente os *Cahiers du Cinéma*, revista de debate crítico que se tornaria marco fundamental para a teoria cinematográfica no século XX. Surgia a "cinefilia", movimento de jovens universitários dedicados à ampliação de sua cultura cinematográfica, a partir da formação de "cineclubes" dedicados à projeção de filmes antigos. Essas discussões tenderam à valorização do *cinema de autor*, em franca oposição ao padrão comercial do cinema hollywoodiano, embora com certo pendor romântico para idealizar alguns de seus diretores e antigos filmes (SONTAG, 2005).

Se no contexto do pós-guerra o cinema hollywoodiano entrou em crise, isso não foi devido à competição com o cinema europeu, mas a uma nova forma de transmissão audiovisual que havia se desenvolvido e invadido os lares americanos: a televisão. Dando ao público a possibilidade de assistir a shows de música, programas de auditório, esportes, noticiários e mesmo filmes sem sair de casa, a televisão fez a audiência das salas de cinema minguar rapidamente. Isso obrigou a indústria cinematográfica a reagir de diferentes maneiras: regulamentação que proibia a televisão de exibir filmes ainda em cartaz e principalmente investimento em produções cada vez mais grandiosas que tinham por objetivo de se diferenciar em relação à produção televisiva.

Enquanto o cinema ganhava estatuto de "cultura" ou "obra de arte" em círculos universitários, a televisão parecia afundar no entretenimento vazio e alienante. Os intelectuais se comportavam como se a comunidade acadêmica não assistisse à televisão, ou como se a televisão não tivesse importância no mundo. Ao longo dos anos 1960, a universidade construiu em torno de si uma verdadeira trincheira de livros: o texto escrito como a única fonte legítima de conhecimento. Mas a partir dos anos 1970 a influência social da televisão nas sociedades ocidentais não pôde ser mais ignorada: ela era o mais eficaz meio de alienação, a mais poderosa difusora da ideologia capitalista. Desqualificar tudo o que fosse veiculado pela televisão era não apenas natural, mas necessário. O resultado disso é que os intelectuais das chamadas ciências humanas seriam, como Adorno, acusados de possuírem uma "arrogância de quem se acha melhor do que os outros, quando a cultura distribui tão democraticamente seu privilégio a todos" (ADORNO *apud* LIMA, 2000, p. 125), segundo a opinião corrente entre os profissionais de comunicação.

A necessidade de combater a televisão, mais do que compreendê-la, impediu o desenvolvimento de um conhecimento a respeito das transformações pelas quais ela passava, os diversos modos em que sua linguagem operava e o quanto ela se afastava do cinema, na medida em que sua organização comercial e os conteúdos por ela veiculados se assemelhavam muito mais aos da programação de rádio. Enquanto o cinema naquela época se perdia em discussões sobre qual seria a estética adequada para conquistar corações e mentes "contra a televisão", esta diversificava a programação, incrementava tecnicamente sua produção e desenvolvia uma linguagem própria. Técnicas de publicidade e produção de programas passaram a mesclar-se na televisão comercial. Dentro de uma concepção romântica, a submissão dos produtores culturais da televisão em relação aos imperativos da publicidade e do *merchandising* era a negação da autonomia da criação artística. A televisão era, dessa forma, o lugar da vulgaridade comercial, dos cineastas que se prostituíram e que, portanto, perderam sua dignidade e se condenaram à mediocridade servil. Disfarçada de arte, a televisão comercial não passaria de uma simples vitrine do mercado, repetindo clichês já assimilados para a massa deseducada, incapaz de reflexão crítica.

Não precisamos concordar com Adorno em seu anátema contra a indústria cultural. A cada grande impacto nas tecnologias de comunicação ocorrem manifestações de nostalgia diante do mundo que se transforma, das relações e dos modos de vida que ficam para trás. Mas, se as gerações anteriores se ressentem por se considerarem excluídas ou superadas pelas novas modalidades de cultura e relacionamento – e das novas formas de consciência que emergem dessas novas relações –, outras gerações crescem integradas às novas formas de comunicação, de tal forma que não poderiam conceber o mundo sem elas. Foi com base nessas considerações que Umberto Eco desenvolveu sua antinomia *Apocalípticos e integrados*, analisando a visão pessimista da Escola de Frankfurt (e os antecedentes histórico-filosóficos de seu pessimismo) em contraposição ao otimismo daqueles que trabalham nesses meios de comunicação e que se entusiasmam com sua capacidade de disseminação de informações, embora raramente teorizem sobre eles:

> O universo das comunicações de massa é – reconheçamo-lo ou não – o nosso universo; e se quisermos falar de valores, as condições objetivas das comunicações são aquelas fornecidas pela existência dos jornais, do rádio, da televisão, da música reproduzida e reproduzível, das novas formas de comunicação visual e auditiva. Ninguém foge a essas condições, nem mesmo o virtuoso, que, indignado com a natureza inumana desse universo de informação, transmite o seu protesto através dos canais de comunicação de massa, pelas colunas do grande diário, ou nas páginas do volume em *paperback,* impresso em linotipo e difundido nos quiosques das estações (ECO, 1990, p. 11).

Ao fazer esse alerta em 1964, o semiólogo italiano chamava a atenção para um tipo de atitude dominante no âmbito universitário das ciências humanas – e que ainda levaria décadas para ser devidamente reavaliado. Ainda seria necessário mais dez anos para que Marc Ferro lançasse uma nova luz sobre o tema – ao menos sobre o cinema – em seu já clássico ensaio sobre *O filme como contra-análise da sociedade*. Nele, o historiador francês considera o filme de ficção como fonte para análise da sociedade na qual ele foi produzido. Contudo, ainda se remete ao filme, e mais precisamente ao cinema, que, como vimos, ganhou o estatuto de "obra", de criação "de autor", e que assim consagrou sua entrada definitiva na chamada "alta cultura" – ao menos um certo tipo de cinema. Mas o que o historiador poderia dizer a respeito da televisão, dos seus programas de auditório, dos noticiários, seriados e mesmo dos comerciais ali exibidos? Muito da programação da televisão, como a do rádio, se perdeu no ar por onde era transmitida em ondas. Do que foi registrado em videoteipe, muito se incendiou, dado o caráter altamente inflamável do material. De qualquer forma, o audiovisual televisivo era um tipo de registro que escapava ao interesse do historiador. Na senha dada por Raymond Williams (2003), com seu olhar de literato sobre a cultura, "a televisão é fluxo contínuo" (tradução nossa), onde o tempo escorre no ritmo da varredura do vídeo, como uma ampulheta eletrônica que, a cada momento que gira, mostra um caleidoscópio de fragmentos de informação audiovisual. A televisão não era objeto da história porque sua forma de comunicação contínua era irredutível ao cuidado paciente e atento do historiador. Ela não oferecia meios para ser paralisada e analisada com o devido rigor.

Embora não seja possível ignorar o poder persuasivo da televisão na vida social, fetichismo, alienação e ideologia eram os três conceitos caros à análise marxista da consciência humana, por mais matizados que alguns setores já estivessem pelo marxismo ocidental. Presos a essas categorias-fetiche, como chama Umberto Eco, os críticos da indústria cultural não estavam dispostos a realizar, de fato, uma investigação desapaixonada desses meios.

Nos anos 1980, a possibilidade de gravar programas de televisão em VHS ofereceu uma nova forma de apreensão, o que se refletiu também em maior possibilidade de reflexão a respeito deles. Boa parte da memória da televisão disponível hoje em dia deve-se a essas antigas fitas. Era possível a formação de um arquivo pessoal de imagens, gravar o noticiário de momentos considerados históricos – como reportagens ao vivo sobre a queda do Muro de Berlim em 1989 ou, no Brasil, o *impeachment* do presidente Collor em 1992 – como faziam os velhos memorialistas com fotografias em recortes de jornais e revistas. A adoção de videocassetes em museus, escolas e outras instituições de preservação da cultura modificou radicalmente a maleabilidade do audiovisual para os pesquisadores.

A história cultural, com sua ênfase nas práticas e representações simbólicas, também modificou o eixo da historiografia, repensando os métodos e objetos da pesquisa histórica. Tomaram-se como fontes e objetos de estudo não apenas as obras de arte consagradas, mas também gêneros considerados de baixo valor cultural. Por outro lado, também nos departamentos de Literatura das universidades norte-americanas, passou-se a estudar não apenas as obras escritas, mas também o enredo de gêneros comerciais e seriados de televisão, eliminando-se restrições de caráter "estético" em relação aos programas de TV.

Atualmente, a indústria cultural vem se adaptando à nova realidade digital e interativa. Os seus "produtos", filmes e discos, e mesmo séries de televisão, haviam recém-ganhado forma de suporte digital nos anos 1990 quando na virada do milênio a capacidade de envio digital pela rede multiplicou-se várias vezes, permitindo o acesso a uma série de produtos audiovisuais dos mais variados gêneros. Isso também quebrou a centralidade da televisão na emissão audiovisual, permitindo que fossem compartilhados vídeos amadores das mais longínquas procedências. Além de possibilitar a captura, digitalização e a disseminação de vídeos produzidos na televisão e no cinema, com o computador a tecnologia para produzir e editar audiovisuais se tornou radicalmente mais acessível. Hoje não apenas profissionais do cinema e da televisão produzem e postam seus vídeos na rede, mas até crianças se tornam "produtoras de vídeo". Atualmente, a produção de vídeo já vem sendo cobrada em algumas instituições de ensino como "trabalho escolar", inclusive na área de história, sem que os estudantes tenham tido uma educação audiovisual apropriada, o que prejudica a avaliação do aprendizado e a discussão do tipo de conhecimento que estaria sendo produzido dessa forma.

Essa abundância altera a maneira como as pessoas veem vídeos, em múltiplas telas de diversos tamanhos, enquanto acessam redes sociais de compartilhamento de arquivos ou de vídeos em fluxo em canais patrocinados. Essas novas formas de ver, e também de fazer ver, decerto terão impacto na maneira como os homens desenvolvem sua consciência do mundo e aprendem a viver nele.

A democratização dos meios de gravação, edição e publicação de audiovisuais levanta novas questões sobre a legitimidade dos audiovisuais como fonte de conhecimento. Se alguns dos antigos preconceitos estão superados, outros permanecem no âmbito acadêmico, onde os procedimentos de organização, análise e citação de referências, consagrados à linguagem escrita, ainda não se encontram bem adaptados às novas formas de apropriação e expressão audiovisual.

História e linguagem: questões de método, análise formal e contexto

Para os historiadores que desejam se dedicar ao uso de fontes audiovisuais para a pesquisa histórica, coloca-se de saída a questão do método. Desde o século XIX historiadores vinham tentando se diferenciar por seus objetos de estudo e métodos adequados para o exercício da História, tentando dar à "ciência histórica" algum "rigor analítico".

O instrumental desenvolvido pela chamada "escola metódica" era voltado sobretudo para o estudo de documentos, isto é, de fontes escritas. Eram necessários critérios para realizar a chamada "crítica das fontes", ou seja, buscar informações sobre a produção do documento, inclusive descobrir seu autor, checar sua autenticidade e seu caráter público, privado ou secreto. Além dessas observações de ordem externa, era necessário ainda buscar confrontar as informações contidas no documento com outras fontes – a chamada crítica interna. Para comprovar a veracidade das asserções presentes no documento, era necessário buscar maiores informações sobre os personagens e fatos aos quais ele fazia referência.

Embora esse método possa, em tese, ser aplicado de forma análoga às "fontes audiovisuais", a maioria dos historiadores hesitavam (e ainda hesitam) em fazê-lo. Talvez por considerarem que o instrumental da análise audiovisual não é tão preciso quanto o da análise textual, ou porque simplesmente não dominam seus códigos, ou ainda por considerarem esse tipo de documento inferior ou desnecessário.

É bom lembrar que muito antes de a história se consolidar como disciplina acadêmica já havia se desenvolvido a chamada história da arte, disciplina surgida na Academia de Desenho de Florença no final do século XVI. A carreira de história da arte se difundiria para toda a Europa e mesmo nos países da América a partir do século XVIII. De forma relativamente autônoma, a história da arte estabeleceu-se com um objeto de estudo a princípio mais bem circunscrito e com métodos próprios, em grande parte alheios àqueles empregados pelos historiadores convencionais. Tendo inicialmente objeto de análise a biografia e a produção dos grandes artistas, desdobrou-se em direção aos estudos de composição e aspectos formais e estilísticos das obras. No século XVIII os filósofos começariam a refletir de forma mais sistemática a respeito dos fundamentos da arte, seja a partir da experiência como crítico dos salões de exposição, como fez o enciclopedista Diderot, seja como teórico do juízo crítico, na perspectiva de Kant. Desenvolvia-se a estética como disciplina voltada inicialmente para o estudo da beleza, que no século XX se desdobraria para uma análise mais ampla das formas visuais e sonoras e seus múltiplos efeitos sensoriais. Contudo, o trabalho do historiador da arte e a investigação propriamente estética apresentavam fronteiras pouco definidas.

Tendo em vista que a história da arte era produzida, a princípio, por artistas e para artistas, não é de se surpreender que suas discussões tenham se estabelecido à margem da discussão historiográfica por tanto tempo. Enquanto os historiadores profissionais realizavam levantamentos de documentos e estabeleciam uma periodização da história, os historiadores da arte – bem como os historiadores da música em seguida – realizavam sua própria classificação das produções artísticas através de gêneros e estilos. Burckhardt, como historiador do Renascimento Italiano, constitui uma honrosa exceção à regra.

A literatura era o ponto de contato entre a história e a história da arte no século XIX, pois se manifestava através de um texto escrito e com preocupações estéticas similares às dos artistas visuais. Era natural que historiadores se dedicassem à leitura de romances e acompanhassem a crítica literária. Relações entre a biografia do autor e sua produção pareciam ser um vínculo interessante de análise, pois colocava a obra em seu "contexto". Mesmo assim não se chegava na época a considerar a obra literária como fonte histórica, ainda que Engels admitisse, por exemplo, que os romances de Balzac lhe deram uma visão muito mais abrangente de seu tempo do que qualquer outro documento escrito.

Essa relação entre a obra e seu contexto foi drasticamente rompida pelos chamados "formalistas russos", que procuraram criar uma teoria da literatura livre de qualquer consideração aos condicionamentos externos do texto. A obra literária, como obra de arte, deveria ter sua própria teoria e ser analisada pelo que ela é, e não pelas intenções deliberadas ou inconscientes do seu autor. Em outras palavras, a obra vale pelo que ela diz, pela forma como diz, pelos efeitos que opera no leitor, e não pelo que seu autor quis dizer.

Ao mesmo tempo que os formalistas pensavam a literatura, o linguista suíço Ferdinand Saussure desenvolvia uma teoria da linguagem, procurando entender os processos de significação a partir da estrutura do signo – no caso, a palavra. Todo signo é composto de um significante (o som da palavra) e um significado (a imagem mental que corresponde). Em outras palavras, um texto está carregado de sons e imagens que são evocados pelas palavras que contém. Juntas, essas duas teorias ajudariam a estabelecer as estruturas de análise da semiologia e da semiótica, que ao longo do século XX seriam aplicadas à análise da comunicação e da arte, incluindo os produtos audiovisuais. Para os historiadores, constituíram um desafio: em que medida se poderia utilizar esse tipo de instrumental para analisar processos históricos? Historiadores convencionais continuaram trabalhando com textos escritos, sem maiores preocupações. Mas no campo da história da arte era impossível permanecer indiferente à necessidade de interpretação da simbologia das formas e cores presentes nas obras. Surgem, então, duas correntes antagônicas: uma considerada "formalista", herdeira das contribuições da linguística, e outra "contextualista", com ênfase na "análise sociológica" da produção artística. Embora ambas analisassem forma e contexto, divergiam no que tomavam como ponto de partida.

Historiadores formalistas costumavam pautar suas análises pelo princípio da comparação. Comparam-se semelhanças e diferenças entre diversas imagens, estabelecendo diferentes gêneros e temas, selecionando e classificando as obras de acordo com diversos critérios, embora restassem sempre alguns produtos híbridos difíceis de rotular em um dos grupos. Também realizam a análise dos enquadramentos, o tom geral das cores, variações de luminosidade, balanço dos elementos dispostos na imagem, o movimento e espessura geral das grandes linhas e volumes que formam o quadro geral da imagem. A partir disso, é possível compreender a construção da rede de significados da obra colocada em diálogo cultural com sua época. Parte-se, portanto, das formas empregadas pelo artista para se chegar ao contexto da época.

Do ponto de vista contextualista, retomando em certo sentido as contribuições de Burckhardt na interpretação histórica da obra de arte, surge um tipo de interpretação "sociológica" da arte. No século XX, ela seria marcada por um viés marxista, que procura relacionar o trabalho do artista às relações de classe, à função social da arte e suas relações com a elaboração ideológica dominante. A maior expressão desse método é sem dúvida a *História social da arte e da literatura*, publicada por Arnold Hauser em 1951. Crítico do formalismo, o "historiador social da arte" atenta para a inserção do artista na sociedade, seu grau de educação e profissionalização e suas relações de mecenato, sua colocação no mercado, o papel dos salões de exposição e da atividade da crítica na valoração das obras e artistas. Partindo do contexto, Hauser chega à forma, uma vez que as propostas estéticas dessas obras, bem como dos movimentos artísticos que muitas vezes as sistematizam, são expressões ideológicas da luta de classes.

Há uma história do cinema, que enfoca grandes obras, grandes diretores, inovações tecnológicas, grandes gêneros cinematográficos, mas também há uma história social do cinema, mais preocupada com a produção dos filmes, seu contexto de exibição, a recepção do público e da crítica, seus aspectos ideológicos. Contudo, ainda que reconhecendo um filme como uma obra de arte, podemos analisá-lo tal como fazemos com uma pintura? Em que medida um método das artes figurativas pode auxiliar o historiador para interpretar fontes audiovisuais?

A análise semiótica é uma herdeira da análise formalista, e por essa razão sempre encontrou alguma resistência por parte dos historiadores, sobretudo após as críticas feitas a partir dos anos 1970 pelos pós-estruturalistas franceses. Negando o universalismo, vários autores inspirados nas leituras de Michel Foucault e Jacques Derrida, entre outros, procuraram romper a estrutura do formalismo, que se baseava numa dicotomia demasiadamente simplificadora. Em vez de estabelecerem-se fórmulas de produção de significado, houve o deslocamento das atenções (o que depois se chamaria "virada linguística) para a incapacidade da razão prática ocidental em produzir algo mais do que uma das possíveis verdades envolvidas nas relações de poder.

Com certas ressalvas, podemos observar um maior interesse dos historiadores pelos métodos "semióticos" e "iconológicos" a partir dos anos 1990, quando leituras de Ernst Gombrich e Aby Warburg inspiraram Carlo Ginzburg e Serge Gruzinski, respectivamente, a desenvolver um olhar sobre as imagens na História.

Sem negligenciar as teorias pós-coloniais e sua ênfase nas diferenças, esses historiadores tentaram avaliar o caráter híbrido que as imagens assumem no imaginário social, bem como os diferentes investimentos políticos, religiosos e sexuais que elas recebem, e a maneira como se organiza uma política de imagens. O foco de preocupação dos historiadores passava, portanto, da significação das imagens para seu processo de tradução e polissemia.

A tarefa de coletar uma série, comparar, classificar e organizar os testemunhos do passado continua sendo obrigação primeira do historiador. Esse levantamento deve ser coerente com a problemática formulada e com o referencial teórico que, afinal, permitirá analisar os dados levantados para extrair deles conclusões adequadas. Conhecer princípios básicos da análise iconográfica é algo recomendável para um historiador que deseja desenvolver a análise audiovisual, embora esteja longe de ser suficiente. Podemos reconhecer regras de enquadramento, cor, luminosidade, através das quais a câmera, tal como o pintor, seleciona e ordena quais são os fragmentos do mundo que merecem sua atenção e a maneira como se organiza o desenho geral das figuras no espaço da tela. Contudo, a imagem audiovisual contém, além de todos esses elementos, outros tantos. Em primeiro lugar, a imagem no audiovisual é duração: ela não é autossuficiente, mas apenas uma entre tantas outras, compondo uma relação de sentido, às vezes, submetida a uma ordem narrativa. Há também que se levar em conta a plasticidade com que as formas vão se modificando na tela, a lógica da montagem, dos efeitos de continuidade, etc. E ainda mais: é preciso perceber como a presença do som exerce efeito sobre elas. Sons diferentes e às vezes sobrepostos, que podem ser o da fala, do ruído ou da música, levando em conta que esse som pode vir "de dentro da cena", como parte do universo do filme, ou se sobrepor como um "comentário", vindo de quem está fora daquela "realidade" retratada da tela.

É natural que historiadores, como espectadores e interessados no universo da cultura, tenham desenvolvido suas próprias preferências. Contudo, na medida em que apreciar filmes era uma atividade de lazer, diferente do seu "exercício profissional" de selecionar e analisar dados e documentos, essas preferências foram muitas vezes vistas como mera "questão de gosto". Sem conhecer algo da feitura do filme, os historiadores-espectadores muitas vezes são chamados a realizar discussões públicas onde discutem um filme a partir de seu "tema", da "veracidade dos fatos que o filme retrata", da "verossimilhança dos personagens retratados" (AUMONT, 2009; CARNES, 2008). Mas o olhar ingênuo de espectador, embora consiga com considerável desenvoltura discutir o "conteúdo histórico" relacionado a um filme, não chega a problematizar adequadamente a "retórica" do cineasta, pois desconhece a maneira como ele organiza seus argumentos a partir de determinadas técnicas e procedimentos e não consegue reconhecer, como os demais espectadores, os mecanismos de produção desses efeitos.

Consideramos que seja útil ao historiador voltado para a análise do audiovisual um certo conhecimento da história da arte e da teoria do cinema, como tentaremos apontar aqui no segundo capítulo. Há que se levar em consideração o tipo de visualidade que cada sociedade vai desenvolvendo através do tempo. As noções do belo e do obsceno, o apelo do "grotesco" ou do "pitoresco", carregados de diferentes tipos de estranheza, são formas de classificação das imagens que denotam a maneira como elas são consideradas socialmente.

No caso do cinema, talvez sua identidade fundamental com a história seja a similaridade de procedimentos na montagem da narrativa, uma vez que a narratividade é um dos componentes da escrita da história. Nem todos os audiovisuais, contudo, apresentam o mesmo tipo de narratividade, e o videoclipe é um gênero de audiovisual que coloca questões sobre a possibilidade de uma narrativa não linear, cuja significação operada entre som e imagem obedece a outros imperativos que não o da correspondência simples. Como observou Jameson (2004), ao analisar a linguagem surrealista do vídeo, acabamos por desenvolver uma espécie de narrativa através da qual estabelecemos relações de sentido, quando na verdade as obras não passam de uma colagem puramente aleatória, dentro da proposta estética do *videomaker*.

As antigas descrições textuais de cenas inteiras e a reprodução impressa de fotogramas em uma página de livro parecem hoje desengonçadas tentativas de reduzir o filme ao que ele não é: linguagem escrita. Mas dizer que as linguagens são de ordens diferentes não significa dizer que uma delas seja superior em todos os campos.

O audiovisual como objeto, problema e fonte para a pesquisa histórica

Uma vez colocadas as possíveis contribuições das teorias da linguagem para o trabalho do historiador, é preciso discutir também o tipo de questão que ele formula quando interroga o registro audiovisual. A ênfase dada pelos historiadores os diferencia dos historiadores da arte. Não se trata de fazer "histórias das imagens e sons", mas sim "histórias com imagens e sons", buscando informações históricas em documentos visuais e sonoros veiculados pela rádio, pela televisão, pelo cinema e demais meios de difusão. Do ponto de vista da formação dos "imaginários sociais" do século XX, são fontes imprescindíveis. É evidente que o impacto que terão no imaginário social será proporcional à amplitude de sua veiculação e ao significado que acabaram adquirindo. As imagens revelam seres humanos, seus valores em disputa, comportamentos em mudança, sua sociabilidade em cena, a manifestação de suas crenças, superstições, utopias.

Tal como o teórico do cinema, o historiador também fica atento à maneira como as imagens audiovisuais são remodeladas. A questão é que, enquanto o primeiro observa as mudanças de composição e enquadramento dos fotogramas, o historiador observa as paisagens, edifícios, veículos de transporte, a aparência física das pessoas, seu vestuário, seus hábitos, tudo aquilo que é registrado pela câmera, perguntando como aquela sociedade tomou forma historicamente e como continuou, a partir daquele ponto, sendo remodelada pela ação do tempo até os dias de hoje. Enquanto um vê o fotograma como instantâneo paralisado no tempo, o outro observa o momento histórico capturado. Com o cinema surgiu, no século XX, uma nova forma de representar o mundo – e para o historiador, uma nova forma de pensar a história. Pois o olhar da câmera revelava a experiência em um mundo desconhecido, raramente registrado por documentos escritos: o mundo cotidiano, o das "pessoas comuns", registrado através da imagem viva das ruas, das fábricas, da produção agrícola, dos cabarés, das guerras.

Quando o historiador Marc Ferro defendeu a hipótese de se fazer história com o cinema, foi enfático ao autorizar toda forma de cinema como fonte para a história:

> Os historiadores já recolocaram em seu legítimo lugar as fontes de origem popular, primeiro as escritas, depois as não-escritas: o folclore, as artes e as tradições populares. Resta agora estudar o filme, associá-lo com o mundo que o produz. Qual é a hipótese? Que o filme, imagem ou não da realidade, documento ou ficção, intriga autêntica ou pura invenção, é História. E qual o postulado? Que aquilo que não aconteceu (e por que não aquilo que aconteceu?), as crenças, as intenções, o imaginário do homem, são tão História quanto a História. (FERRO, 1992, p. 86)

Para Ferro, portanto, não se trata apenas de autorizar a fonte cinematográfica como mera auxiliar na confirmação de outras fontes, mas de considerá-la como portadora de uma problemática historiográfica própria, voltada para a análise dos filmes para além de seu caráter documentário. A questão mais difícil então era responder de que maneira o historiador poderia utilizar-se da ficção cinematográfica, sobretudo os chamados "filmes de época" cujo grau de artificialismo foi tão ironizado por Kracauer e demais adeptos do realismo cinematográfico.

A solução que Marc Ferro apresenta na sua coletânea de textos "Cinema e História" está enunciada no próprio título daquele que se tornaria o seu mais célebre artigo: "O filme como contra-análise da sociedade". Ao trabalhar com a ficção cinematográfica, o historiador tem em suas mãos um documento de época, mais especificamente um registro de memória. Nela, um setor da sociedade representa a história, cujos personagens e conflitos dramáticos podem ser lidos como uma alegoria de seu próprio tempo. A ideologia da classe dominante projeta, tal como na câmera escura, as relações sociais invertidas: é a autoimagem heroica da classe dominante, que vai se transformando ao longo da história. Um filme pode ser lido, desta forma, como expressão ideológica da sociedade, segundo as escolhas narrativas realizadas por seus autores, de acordo com o desejo dos seus produtores.

Podemos compreender que desde então o filme (bem como a canção popular, as revistas semanais e outros produtos de cultura e entretenimento da sociedade de massas) passou a ser visto como parte importante, senão preponderante, na reprodução do imaginário social. O cinema pode ser considerado fonte privilegiada para compreender as emoções, os medos e as esperanças de uma época, como observa Michèle Lagny (LAGNY, 2009, p. 104):

> Podemos assim nos perguntar qual valor representativo real podemos atribuir a um filme: em que medida os apetites de poder, os fantasmas ou os medos de alguns não promovem uma "mentalidade" ou "representações dominantes" partilhadas por autores, mesmo se os filmes conseguem sucesso. Dentre essas representações, os historiadores se interessam, por conseguinte, mais especialmente por aquelas dos momentos da história, às vezes quase míticos – particularmente sobre eventos fundadores dos estados-nações.

Entretanto, como ela mesma observa, o cinema é "conservador", preocupado em utilizar imagens facilmente identificáveis. Por essa razão, serve melhor para compreender o enraizamento de determinadas mudanças do que para perceber momentos de ruptura nas representações sociais. Jacques Aumont (2009) observa que, mais recentemente, historiadores franceses e norte-americanos têm utilizado filmes como fonte para a pesquisa histórica, menos preocupados com o filme como objeto de análise detalhada e mais empenhados em avaliar comparativamente um *corpus* alargado – um conjunto, por vezes, bastante extenso de filmes. Essa análise privilegia os "códigos" presentes e recorrentes na "produção fílmica" de uma época, ainda que sejam códigos de diferentes tipos:

1) os de enquadramento, montagem, iluminação, etc.;
2) os códigos narrativos, de sequência, focalização, marcas de enunciação, função dos protagonistas, temporalidade;
3) representações sociais e enunciados ideológicos.

Nas relações cinema-história, há historiadores que se preocupam mais com as condições de produção, distribuição e recepção crítica dos filmes do que com a análise fílmica propriamente dita. Isso implica a realização de uma pesquisa bastante ampla de documentos "externos" aos filmes, ou seja, relatórios, jornais, fichas técnicas, correspondência comercial, diplomática, entre outros, e que nem sempre estão disponíveis. É o que observa Aumont quando se refere à produção fílmica francesa dos anos 1930, objeto de estudo de Michèle Lagny , Marie-Claire Ropars e Pierre Sorlin, que enfocam uma análise interna dos filmes tanto em virtude da

> [...] falta de informação sobre o contexto como por cepticismo quanto aos eventuais resultados: a grande pulverização do sistema produtivo tornava esse estudo inutilmente moroso. Para cada Pathé, que entre 1930 e 1935 produz anualmente uma dúzia de filmes, temos uma centena de empresas que faz um ou dois filmes e desaparece, sem deixar vestígios nem do financiamento,

nem da rodagem, nem da difusão. A exploração seria mais acessível à custa de um gigantesco inquérito nos jornais da província; ganharíamos alguma noção dos programas, mas nada sobre a freqüência e os gostos do público (AUMONT, 2009, p. 168).

O que podemos observar é que o recorte feito pelo historiador na análise do audiovisual não é feito apenas em função de suas opções teórico-metodológicas, mas também em função do tipo de fonte disponível. Num extremo oposto, ou seja, na ausência completa das fontes audiovisuais devido a perda, destruição ou falta de disponibilidade, o historiador pode não ter outra opção a não ser consultar documentos escritos relativos ao filme para tentar recuperar um pouco do seu significado na época. Ao comentar a *Historiografia clássica do cinema brasileiro*, Jean-Claude Bernardet afirma que um dos seus problemas é a ênfase no contexto de produção dos filmes, em detrimento de sua distribuição e recepção, o que permitiu ao crítico Paulo Emílio Salles Gomes imaginar a existência de um passado mítico onde produções nacionais eram mais apreciadas que as estrangeiras, afirmação que é retomada por R. Moura.

> Nenhum deles cita qualquer fonte, pesquisa, documento, depoimento. A construção desse público parece antes resultar de uma lógica interna à visão mítica da história e à noção de Idade de Ouro, bem como da metodologia já comentada em texto anterior [ou seja, marcada por uma visão da história do cinema brasileiro como um processo de degradação constante, dividido por etapas]. Como tradicionalmente o trabalho de história volta-se para a produção e menospreza a exibição, não há como ter informações sobre o público, que resulta numa construção mental. [...] Do grande sucesso de muitos filmes brasileiros do período (que seria comprovado pela quantidade de exibições anunciadas nos jornais), não há como deduzir que tinham mais êxito que os filmes importados, nem que agradavam mais. [...] Mas não temos estudos sobre o assunto. Em todo o caso, uma olhada nos

jornais da época, por superficial que fosse, contestaria a ideia de que, no período, a produção brasileira dominava o mercado, quer brasileiro, quer carioca. A quantidade de títulos importados é nitidamente superior à produção local (BERNARDET, 2004, p. 68-69).

Em outros casos, a ênfase no contexto se dá em função de uma compreensão teórico-analítica voltada para a história social do cinema, no sentido que Hauser empregava o termo. Isso significa um deslocamento do olhar, cuja ênfase deixa de ser a análise da estética adotada, ou da narrativa dos filmes, para melhor observar as representações sociais e significados ideológicos que nele estão presentes. Estas representações são interpretadas não a partir da busca de um significado intrínseco, mas à luz da biografia de seus produtores, suas relações de patrocínio e sua viabilização comercial e política.

Essa é a perspectiva tomada por Alexandre Busco Valim (2010), ao analisar as relações entre o cinema americano e a Guerra Fria no Brasil, mostrando os vínculos entre os produtores, o Departamento de Estado norte-americano e os circuitos de distribuição dos cinemas brasileiros, bem como manifestações de resistência dos comunistas em relação a esses filmes. Isso só foi possível através de uma pesquisa no Arquivo Nacional, bem como em outros acervos, levantando publicações da imprensa, panfletos, documentos policiais, diplomáticos, o que permitiu aprofundar o quadro da política cultural anticomunista durante a Guerra Fria e identificar a perspectiva da propaganda dos seus agentes no Brasil.

A ênfase dada à estratégia política anticomunista norte-americana e a difusão de seus valores deve-se, em parte, à natureza das fontes com as quais o pesquisador teve contato, ao seu caráter inédito e revelador das relações íntimas entre os órgãos oficiais norte-americanos e ao aparato repressivo policial brasileiro, o que faz com que muitas vezes o leitor tenha a impressão de que o foco se desloca do cinema para a propaganda anticomunista em geral. Mas isso serve também para diminuir a forçosa relação entre êxito, quantidade de exibições e influência junto ao público apontada por Bernardet. Afinal, parte-se do princípio de que um filme é muitas vezes exibido quando há interesse do público, e de que esse interesse se deve às qualidades do próprio filme. A "baixa qualidade" dos filmes anticomunistas levantados por Valim e as manifestações populares organizadas contra a sua exibição em vários cinemas apontam no sentido contrário: filmes são muitas vezes exibidos pela vontade das distribuidoras e das autoridades, e não para satisfazer o gosto do público. E essas são ressalvas importantes para quaisquer pesquisadores que desejam trabalhar com esse tipo de indício.

Se as relações entre as informações contidas no audiovisual e o mapeamento de seu contexto de exibição e recepção podem ser difíceis de articular no caso do cinema, as dificuldades se ampliam ainda mais quando tomamos em consideração a programação televisiva, muito mais variada e altamente volátil. Para historiadores que querem tratar de períodos mais distantes no tempo (programação dos anos 1950 e 1960), é praticamente obrigatório consultar revistas dedicadas à programação e à vida de suas "celebridades", tal como já acontecia com as publicações dedicadas ao rádio. Um dos exemplos é o trabalho de Marcos Napolitano (2001), que, ao se dedicar ao estudo dos festivais de música realizados na televisão durante os anos 1960, se utilizou amplamente da revista semanal *Intervalo*, publicada pela Editora Abril, que se revelou uma das patrocinadoras de alguns eventos televisivos.

Essas fontes permitem resgatar aspectos da programação televisiva cujos registros audiovisuais se perderam no tempo ou não estão acessíveis ao historiador, ou se apresentam distorcidos, em razão de três fatores:

1) volatilidade de seus programas, durante muito tempo exibidos ao vivo, sem uma preocupação de registro;
2) caráter fragmentário e descontínuo da programação, bem como a falta ou perda de registros de índices de audiência;
3) falta de uma política de preservação da programação e acesso público à sua consulta no Brasil.

Os programas de televisão apresentam um problema fundamental para qualquer pesquisa histórica: o acesso a essas fontes, cujas imagens se tornaram propriedade das empresas televisivas, a maioria de capital privado, e cuja utilização envolve muitas vezes o pagamento de direitos autorais e direitos de imagem. Até hoje, as regulamentações que se referem às emissoras de televisão no Brasil não foram alem de restrições impostas pela censura em relação a limites de idade para determinado tipo de programação ou das obrigações em veicular mensagens oficiais do governo e propaganda política obrigatória. Levando em conta que as empresas de comunicação são concessão pública, pelos serviços que devem prestar à sociedade, é realmente impressionante que a programação televisiva não tenha se tornado objeto de preocupação por parte do Estado, no sentido de preservá-la como patrimônio público.

Se, ao contrário do que propagava a Escola de Frankfurt, a frase "televisão é cultura" não é apenas um comercial enganoso, então sua programação deveria ser efetivamente levada a sério, por seu papel na produção da memória coletiva, como parte do patrimônio cultural e histórico nacional. Nesse caso, deveria estar submetida às mesmas regras de patrimonialização histórica e cultural, passando a figurar como parte dos bens culturais que constituem a identidade na qual se reconhecem diferentes comunidades. Na França, o Instituto Nacional do Audiovisual (INA) armazena e disponibiliza para consulta pública, na Biblioteca Nacional daquele país, toda a programação da televisão francesa. As emissoras enviam a programação produzida para guarda e preservação no INA, mesmo não havendo uma legislação que as obrigue a fazê-lo, pelo simples motivo que é de seu interesse que seja mantido um arquivo público com essa finalidade, na medida em que há um alto custo para manutenção e armazenamento desse tipo de material.

No Brasil, os arquivos televisivos são propriedade das emissoras, que impõem muitas vezes taxas exorbitantes para visionamento e cópias de sua programação antiga ou simplesmente negam aos pesquisadores até mesmo o direito à consulta. Por essa razão, sítios de compartilhamento como o YouTube acabaram adquirindo um papel de "museu videográfico", indo além do que seria sua função inicial. Em que pese o fato de que a programação televisiva nele disponível seja muito fragmentada, ainda assim constitui-se um acervo maior do que o pesquisador pode acessar, por exemplo, nos Museus da Imagem e do Som do Rio de Janeiro ou de São Paulo (BUSETTO, 2011).

De que forma a programação televisiva, que por vezes foi ao ar e no ar se perdeu, pode ser hoje resgatada e analisada? Em primeiro lugar, é necessário ressaltar que a televisão adquiriu papel muito mais proeminente na produção do imaginário social contemporânea do que aquele anteriormente desempenhado pelo cinema. As imagens da televisão estão presentes diariamente, colocando em circulação as mais diversas representações e assim operando uma reconfiguração do imaginário social. A televisão não é só um "testemunho da história", mas ela própria, como parte da imprensa, "faz história", dá visibilidade a fatos que provocam impacto na opinião pública. As pessoas assistem aos eventos quase "no mesmo momento em que eles acontecem", e são as imagens da televisão que marcarão posteriormente sua memória a respeito deles.

Isso se dá porque o cinema e a televisão ao longo do século XX funcionaram não apenas como registro, mas como gesto inspirador e reforçador das tendências que se manifestam no imaginário social. Um efeito colateral são as relações de experiência que se estabelecem entre diferentes gerações, criando algo que se assemelha a "próteses da memória", se alargarmos esse conceito utilizado por Leroi-Gourhan (1964) como algo que vai além da experiência individual. É como se tivéssemos uma memória do século XX diferente das memórias das gerações que nos precederam, na medida em que boa parte de nossa memória se construiu com imagens tomadas por uma câmera. Reconhecermos personagens históricos não só por sua aparência, mas por sua voz, suas expressões faciais e corporais, como se realmente os tivéssemos conhecido – quando eles podem ter morrido antes mesmo do nosso nascimento. Esse "conhecimento" não é qualitativamente diferente daquele que temos de muitas celebridades do mundo atual, cujos registros audiovisuais circulam em diferentes meios eletrônicos.

O audiovisual, contudo, não altera apenas a memória das gerações posteriores, produzindo uma memória artificial de sentido musical, político e comportamental. Ele altera também a produção de nossa memória social, na maneira como a sociedade, através dos meios de comunicação, se representa a partir de sua história recente. Nesse processo, somos muitas vezes "forçados" a lembrar, e, nesse ato, vemos o que foi selecionado como "mais importante", como "fatos que marcaram a década". O noticiário televisivo marca a memória do tempo presente, e as visões retrospectivas delimitam os "enquadramentos da memória", expressão cunhada por Michael Pollak (1989) e que por sinal estabelece analogia com o trabalho fotográfico. Nesse sentido, lembramos e relembramos o golpe militar de 1964, reconhecemos em filmes os detalhes da época, em certo sentido nos tornamos habituados com isso.

Talvez o aspecto mais intrigante do audiovisual para o historiador seja a ambiguidade do sentimento provocado por ele: por um lado, como elemento da memória, a relação que estabelece com a identidade; por outro, o estranhamento diante do envelhecimento e aparente obsolescência do filme em relação aos padrões audiovisuais atuais – embora as condições de preservação e restauro das imagens tenha melhorado bastante com os processos digitais. Isso só ressalta o efeito "atualizador" do audiovisual, pois, como observou Christian Metz (2007, p. 21), cada vez que o movimento é reproduzido em audiovisual, é como se ele acontecesse novamente – e se as imagens parecem como "novas", tanto maior é o efeito de verdade produzido.

No momento atual, contudo, uma infinidade de materiais audiovisuais, desde filmes de cinema até antigos programas de televisão e vídeos caseiros, circula pelo mundo, em sua infinita variedade, disponível através da rede virtual. Compreender esse livre jogo de intervenção no imaginário, a crise do autor e dos direitos autorais – que fez o historiador Marc Ferro recentemente perguntar "A quem pertence a imagem?" – é um desafio para futuros historiadores.

Devemos lembrar que o uso da imagem e dos sons, mesmo para fins de pesquisa acadêmica, tem envolvido cada vez mais uma série de direitos. Em primeiro lugar, há o direito de quem vê; no caso, desde os pesquisadores de ciências humanas, jornalistas ou profissionais do mercado, que buscam as imagens em arquivos para seu trabalho, até o "consumidor" da imagem, o "espectador", que as acessa voluntária ou involuntariamente. Tendo como objetivo a produção de conhecimento ou entretenimento, o "direito de ver" pode ser público e gratuito ou pago (seja pela compra de ingresso ou produto, seja pelo recebimento compulsório de publicidade vinculada). E associado a esse direito está também o de "não ver", de não ser assediado por imagens e sons indesejados.

Por outro lado, há direitos de imagem para quem as produz: tanto fotógrafos e cineastas profissionais quanto produtores de vídeo amadores. O direito autoral da imagem cabe, portanto, àquele que através de lentes capturou determinada imagem, em um horário e local determinados. Esse direito não é daquele que vê, mas de quem faz ver (produtor da imagem). Significa que a imagem é propriedade intelectual do operador da câmera e que este deve ser respeitado como criador e pago pelo uso que porventura seja feito dessas cópias – independendo de finalidade lucrativa ou não desse uso.

Além desses direitos, há ainda o direito daquele que é registrado pela câmera, que é visto na imagem – no caso, a pessoa cujos traços do corpo ou do rosto foram capturados. O direito de uso da imagem da pessoa é o que garante a renda de atores de cinema e modelos fotográficos. Entretanto, segundo a sistematização de direitos da imagem disponibilizada pelo sítio do Sindicato de Empresas de Artes Fotográficas do Estado de São Paulo na internet

No que se refere à pessoa do retratado, a autorização deve partir de quem o fotógrafo retrata. Se retratar uma modelo, ou diversas modelos, que fazem da imagem meio de vida, ou ainda, quaisquer outras pessoas, mesmo não famosas, a autorização tem que ser firmada por essas pessoas retratadas, titulares de um bem jurídico de caráter pessoal: o seu corpo, partes dele, e o rosto. E quanto as famosas? Segundo a teoria dos direitos de personalidade, as famosas do meio cultural ou político ao partirem para a vida pública renunciam a certa parcela de seu direitos de personalidade, desobrigando o fotógrafo ou o câmera a obterem sua prévia autorização para fixar a imagem. Mas, desde que o uso da foto seja editorial ou jornalístico. O uso jornalístico aliás, e o único que isenta de autorização em qualquer caso. Há, entretanto, dois pontos em que a ricos e famosos se assegura (como de resto a qualquer cidadão comum), proteção quanto ao uso inautorizado de suas imagens: fazer delas uso com fins publicitários ou como resultado da violação do direito constitucional da intimidade. A não obediência ao principio, dá ensejo ao dano indenizável. (www.seafesp.com.br/direitos_autorais.doc).

O que se percebe na sistematização de todos esses direitos de imagem é o caráter contraditório que elas apresentam, sobretudo no que se refere ao uso lucrativo das imagens. Meios de comunicação são os que mais lucram com a difusão de imagens e estão isentos de pagamento de direitos autorais aos produtores ou mesmo de pedido de autorização aos retratados para utilizá-las em qualquer caso, de acordo com o artigo 46 da lei 9610, que regulamenta a questão dos Direitos Autorais no Brasil desde 1998. A organização da arrecadação dos Direitos Autorais no Brasil é ainda muito restrita ao uso da música, não havendo procedimentos padronizados para o pagamento pelo uso de filmes – o que envolveria até mesmo pedidos de autorização tanto dos diretores quanto dos atores que nele aparecem. Não há consenso nem mesmo sobre os programas de televisão, que como concessão pública deveriam ser considerados como "documentos públicos", e não patrimônio privado das emissoras. A rigor, haveria na legislação uma inversão de valores: escolas e universidades deveriam pagar com dinheiro público pelo uso de imagens do audiovisual, seja com fins didáticos ou para produção de pesquisa.

Tais considerações a respeito dos variados direitos de imagem demonstram que há uma tensão de forças nesse campo, o que indica um certo descompasso na legislação em relação a quem ela deveria proteger: quem vê, quem é visto e quem faz ver. A pressão econômica é exercida sem dúvida por profissionais da indústria cultural, que dizem agir em defesa do "direito autoral" e do "reconhecimento da criatividade do artista". Mas por trás desse nobre ideal se esconde a ferocidade das grandes produtoras, que despertaram da crise de arrecadação tradicional com a qual se acostumaram a lucrar ao longo do século XX. Os "direitos de imagem", bem como os direitos sobre a música, ganharam outro estatuto quando esses artefatos passaram a ser disponibilizados gratuitamente através da internet. Algumas produtoras têm conseguido em diferentes países ordenar, através de ações na justiça, a retirada de conteúdo audiovisual protegido por direitos autorais de determinados sítios de compartilhamento de vídeos. Isso obriga a retomar a discussão: a rede é meio de promoção comercial? Nesse caso, a disponibilização gratuita de produtos culturais constitui um crime contra os direitos autorais? E isso valeria até mesmo para comunidades restritas, organizadas para fins educacionais e acadêmicos?

Se considerarmos esse pressuposto verdadeiro, poderíamos chegar a considerar as bibliotecas como instituições criminosas, pois disponibilizam gratuitamente livros ainda protegidos por direitos autorais. Houve, é certo, algum cuidado para preservar a indústria editorial quando surgiram as máquinas de fotocópia, limitando o número de páginas que era permitido reproduzir. No campo do audiovisual, o surgimento do VHS permitia a gravação de filmes e programação de TV, e de fato nos anos 1980 começou um processo mais aberto contra a "pirataria audiovisual", ainda que restrito a locação e venda de cópias ilegais. Afinal, as grandes produtoras haviam conseguido com o VHS uma fonte alternativa de lucros, para além das já consagradas bilheterias de cinema e exibições televisivas.

O surgimento de gravadores de DVD e digitalização em outros formatos mais compactos colocou para a indústria audiovisual a necessidade de contra-atacar, com base nos direitos de produção, criminalizando a cópia clandestina e retirando do ar sítios de compartilhamento. Logo a indústria começou a avançar em outras áreas, retirando material disponível gratuitamente – alterando, assim, a relação de forças, na medida em que a autorização e o pagamento de direitos autorais incidiam até então apenas na utilização do filme ou vídeo com fins lucrativos –, venda direta ou promoção de outros produtos. Graças a rastreadores de música, a indústria fonográfica manda retirar, com base nos direitos autorais, o áudio de músicas utilizadas em trilhas sonoras de vídeos caseiros postados por amadores em sites que exibem arquivos de vídeo em fluxo. O mesmo pode ocorrer com filmes ali postados na íntegra. É o caso do primeiro filme sonoro *O cantor de jazz* (1927), citado no início deste capítulo, retirado da rede por pedido dos produtores, que alegam que o filme é protegido por direitos autorais – não impedindo que fragmentos do filme sejam visualizados no mesmo sítio, a título de divulgação.

Essas novas formas de visualização dos vídeos geram também um novo tipo de ansiedade na visualização, pois na rede virtual o conteúdo simplesmente "desaparece" a qualquer momento – por vencimento da postagem, por vontade de quem postou ou por ordem judicial. Assim se constituem novos colecionistas, que passam horas buscando e armazenando em suas máquinas vídeos "raros", que ficaram pouco tempo disponíveis em rede. Essas formas "descentralizadas" de cultura e visionamento de vídeos geram outro efeito social, rompendo com a simultaneidade que o rádio e a televisão deram ao mundo – cada vez menos existe a noção de que "estamos todos juntos diante do aparelho acompanhando os últimos acontecimentos", fossem eles políticos ou esportivos, reais ou fictícios. O acesso a diversos programas que já foram ao ar e a maneira como essa informação se relaciona com outros tipos de busca geram um tipo de visualização linear de uma programação originalmente fragmentada, tal como é aquela produzida para a televisão. Eliminam-se os comerciais, organizam-se séries encadeadas capítulo a capítulo, modifica-se o modo de visionamento e, por conseguinte, a própria recepção.

Por outro lado, a disponibilidade digital dos audiovisuais permite ao historiador assistir atualmente ao mesmo filme várias vezes seguidas, percebendo nuances do texto, pausando as imagens, extraindo-lhes alguns trechos. As possibilidades metodológicas de análise do audiovisual, portanto, também se ampliaram com as facilidades geradas pela tecnologia. Isso permite diversos tipos de análise das imagens, componham elas ou não uma narrativa audiovisual. Mas o que a dinâmica da produção de imagens diz sobre sua recepção na sociedade contemporânea, na forma como atualmente se produz a consciência histórica?

A questão, portanto, não é apenas em que medida as diferentes tecnologias audiovisuais se estabeleceram a partir de modos de gravar e difundir imagens em movimento. É também a maneira como elas constituem diferentes níveis de simulação para a imaginação histórica, o que nos leva a pensar não apenas em como se faz a história através do audiovisual, mas também – e sobretudo – como os audiovisuais fazem história. Pois de uma forma ou de outra, eles alteram nossa consciência do tempo e ampliam nossa memória visual e capacidade de aprendizado. E em certo sentido fazem com que novas gerações compartilhem, através dos diferentes registros audiovisuais, a memória das gerações anteriores, quando também a memória afetiva dessas últimas é fortemente condicionada pelas imagens vistas no cinema e na televisão.

Uma vez colocados os desafios de diferentes ordens que o audiovisual coloca à análise histórica, por seu caráter múltiplo e ao mesmo tempo fugidio, proponho uma pausa para realizar uma análise detida, quadro a quadro, das diferentes tecnologias que historicamente influenciaram o desenvolvimento de suas linguagens. Desse modo, podemos mapear sua variedade, entender a matéria da qual são feitos e como são colocados em movimento seus mecanismos de significação.

CAPÍTULO II

A história dos audiovisuais: desenvolvimento de técnicas e linguagens

Antes de que fosse possível a reprodução técnica de imagens e sons através de meios mecânicos e eletroeletrônicos, já existia a simulação audiovisual que ocorria de forma artesanal ou artística, cujas experiências se acumulavam ao longo de milênios e para a qual colaboraram as mais diferentes culturas. Com isso, antes mesmo do cinema já havia uma "cultura audiovisual" que influenciou suas formas de produção e comercialização ao longo do século XX. Chamamos aqui a atenção para a "cultura", a maneira como os homens organizam sua visão de mundo, dando sentido à sua existência através de um conjunto de práticas e representações simbólicas. Na valoração das imagens e sons, no estabelecimento de formas consideradas legítimas em detrimento das desviantes, é possível perceber a conformação de uma linguagem audiovisual que servirá de base para futuras formas de expressão em vídeo.

A sociedade europeia não foi contudo a única, e muito menos a primeira, a organizar sofisticadas simulações audiovisuais. Qualquer sociedade humana elabora em algum grau representações visuais, acompanhadas ou não de som simultâneo, visando transmitir algum aspecto da experiência humana. Simulações são organizadas com diferentes propósitos – desde os rituais mítico-religiosos até os desfiles político-militares, passando pelos espetáculos artísticos. Há sempre uma história sendo contada, com a finalidade de emocionar e transmitir aos demais membros da comunidade, e principalmente às novas gerações, uma experiência vivenciada por outros homens, distantes no tempo e no espaço, ou simplesmente inventada com a finalidade de explicar o mundo, definir regras políticas, morais, ou para o mero entretenimento dramático-literário – ainda que nem todas as sociedades tenham todas essas dimensões e as separem em categorias diferentes como atualmente fazemos.

Narrativas audiovisuais, nesse sentido, remontam à Idade da Pedra. As pinturas produzidas nas cavernas talvez tivessem algum significado relacionado à caça ou simplesmente a um ritual mágico-xamânico de cura ou incorporação de espíritos totêmicos, sob a luz bruxuleante das tochas – jamais saberemos ao certo. O recurso musical provavelmente amplificava o poder evocativo das imagens, assim como auxiliava a fixação melódica e rítmica da poesia e ajudava na sua memorização, conferindo maior estabilidade na conotação das palavras. Com a invenção da escrita, tornou-se possível criar formas mais elaboradas de narrativa, como a *Epopeia de Gilgamesh,* que narra as aventuras do herói sumério na antiga Mesopotâmia. Mas a forma mais elaborada de representar uma história utilizando, além da música e dos recursos narrativos da poesia, os recursos visuais da dramatização, surgiu com o teatro grego, marcado pela caracterização dos personagens e suas falas, representando um fato ocorrido no passado – mítico ou não.

É verdade que cada sociedade desenvolve seus próprios códigos juntamente com suas técnicas, atribuem significados à vida social e constroem sua "visão do mundo". As grandes estruturas do imaginário social – sejam mitologias, religiões organizadas, bem como os diversos saberes acadêmicos ou ideologias políticas – são organizadas em função das relações dadas entre os homens. Todos os grupos humanos criam seus rituais de identidade, no qual definem a iniciação de pertencimento à comunidade, a partir da invocação dos símbolos visuais e sonoros que remetem aos mitos primordiais. É uma história que se conta, ritualizando como nasceu a tribo, o clã, a estirpe, a igreja, o partido, a nação, etc. A essas histórias outras podem se somar, a partir da complexificação da sociedade, que estabelece formas comerciais de exploração do lazer. Com a descoberta do sensacional poder de simulação que a combinação simultânea de imagens e sons produz, muitos artistas ao longo da história passaram a buscá-la, e isso muito antes do cinema. Um dos exemplos mais significativos são, sem dúvida, os espetáculos de ópera. Tratava-se do resultado mais ambicioso da combinação de drama e música, já existente na tragédia grega, onde pessoas dialogavam se movimentando num cenário, embora nesta última o cenário não se alterasse no tempo e no espaço. A diferença do teatro moderno é justamente seu deslocamento de perspectiva ao longo das diferentes "cenas" e "atos". Em um momento vemos o rei no palácio, em outro o vemos no campo de batalha, e logo estaremos com ele na catedral, por exemplo.

Esse deslocamento do olhar, que acompanhou o desenvolvimento das artes dramáticas, é o que nos ajuda a entender o surgimento da linguagem audiovisual, pois as revoluções das técnicas da era industrial nunca ocorreram em uma esfera completamente autônoma da sociedade. Ao contrário, responderam a demandas culturais que já estavam estabelecidas. Em outras palavras, foram condicionadas por novas formas de organização da produção e comercialização da cultura, formuladas para satisfazer o olhar curioso e desejante surgido com a modernidade. A princípio, o renascimento comercial e urbano no alvorecer da Idade Moderna permitiu o surgimento de feiras e festas populares, o ressurgimento do teatro, a constituição de público aristocrático e popular, uma nova concepção de mundanidade e divertimento urbano. O desenvolvimento da música, das artes plásticas e das artes dramáticas se deve, em boa parte, à sua popularização graças à imprensa e ao impacto que ela teve sobre formas populares de cultura, como apontam Peter Burke e Roger Chartier. Nem mesmo os livros, lembram esses autores, eram "consumidos individualmente", no silêncio e na reclusão dos lares, como hoje compreendemos o ato de leitura. Ao contrário, eram lidos em voz alta nas praças, salões, tabernas, lugares de concentração pública – prática que envolvia a "profissionalização" do leitor em meio a uma comunidade de analfabetos, ao mesmo tempo que dava aos livros uma plateia de "ouvintes", algo bastante insólito para os padrões contemporâneos.

A história dos meios de comunicação é vista, em parte, como uma epopeia dos "inventores" ou "descobridores", mais preocupados com as inovações técnico-científicas do que propriamente com a linguagem que deles emergiu. Nesse sentido, as transformações sociais são vistas como "fruto" da revolução técnica, onde as "máquinas" transformam o mundo e os homens que nele vivem. Nela despontam os nomes dos inventores que, desde Gutenberg, iniciaram a grande revolução que promoveu a expansão das comunicações em larga escala. O cinema dos irmãos Lumière e o rádio de Marconi são exemplos desse processo de mitificação. O reconhecimento de que várias dessas criações tiveram mais de um "inventor", e que várias experiências similares estavam ocorrendo ao redor do mundo, não alteraram significativamente o crédito de direitos autorais que foi dado a determinados cientistas localizados nos países centrais. As versões populares de publicações e documentários televisivos tendem a glorificar as mesmas figuras que não raro usaram de recursos pouco éticos para se afirmarem, mais do que como "gênios", como grandes empresários. E como tais, muitos se mostraram dispostos a estabelecer um monopólio comercial, visando enriquecer em detrimento dos supostos benefícios públicos que suas invenções poderiam trazer. Nesse sentido, a história da fotografia constitui-se uma honrosa exceção, pois, quando o governo francês comprou a patente do processo fotográfico registrado por Daguerre, o fez declarando que tal invento deveria estar à disposição de toda a humanidade.

Não é nosso objetivo, entretanto, discorrer sobre a lei de patentes dos meios audiovisuais. A única razão por nos remetermos a isso é observar que a sua história não deve ser confundida com a mitologia dos "gênios" da chamada "segunda revolução" técnico-industrial. Sua mística como produtores desinteressados de maravilhas modernas não resiste à mais breve análise dos fatos. Raymond Williams (2003) já havia alertado ao analisar, em seu livro sobre a televisão, quais são as formas mais comuns de interpretação do impacto do processo tecnológico sobre a cultura. A simples afirmação de que "a televisão mudou a vida das pessoas" coloca o meio como verdadeiro sujeito da ação, e os homens como meros objetos modelados por ela. Muito mais do que a analisar o significado dessa inversão, Williams lança a tese, retomada por Peter Burke em seu livro *Uma história social da mídia* (BURKE; BRIGGS, 2004), de que os meios servem na verdade como "catalisadores" de grandes mudanças culturais que já se encontram em curso, ao mesmo tempo que sua produção só é possível nesse contexto de busca por novas formas de expressão.

Os processos de "enquadramento do olhar" e seu uso combinado com a música possuem uma dimensão fundamental nos usos culturais que se fazem das novas tecnologias. Revelam potencialidades para o desenvolvimento de uma narrativa tão envolvente que é capaz de criar, com ajuda de nossa boa vontade, uma realidade paralela – que pode servir, entre outras possibilidades, à reconstituição do passado. A história dos meios audiovisuais é parte da história da cultura, e como tal é que nos propomos a analisá-la.

Precursores: quadros, cenas e parafernália mecânica

Não seria exagero afirmar que o olhar fotográfico e o cinematográfico surgiram antes da fotografia e que a origem desta seria impossível se o olhar ocidental não estivesse culturalmente adaptado e ansioso pelo seu aparecimento. Jacques Aumont, tomando como ponto de partida a célebre frase de Jean-Luc Godard de que os irmãos Lumière seriam os "últimos impressionistas", discute como o seu invento realizava em boa parte o projeto impressionista de registrar o mundo em movimento – aquele mundo pouco nítido produzido pela velocidade. O viajante do trem é tomado, nesse sentido, como novo modelo de espectador, que observa o mundo passar rapidamente diante dos seus olhos, o que lhe proporciona uma experiência visual inédita.

A constituição da "linguagem cinematográfica" deve muitos de seus conceitos às antigas formas de enquadramento do olhar, relacionadas à perspectiva renascentista. Foi a partir do Renascimento que surgiram as formas modernas de produção e comercialização de "quadros", com o surgimento da "tela" como espaço privilegiado de composição das formas do mundo, onde os artistas adotaram as metáforas teatrais da "cena" e do "cenário" para ambientar as "ações" e os "personagens" retratados. A "cena" passou a ser dividida em diferentes "planos", e muitas vezes a paisagem na qual o retrato era produzido não passava de um "pano de fundo", um simulacro de paisagem produzido pelo artista justamente para esse fim.

Todas as expressões entre aspas utilizadas no parágrafo anterior acabaram sendo adotadas como conceitos da linguagem cinematográfica, servindo tanto para a criação de roteiros quanto para a análise fílmica. São critérios de representação visual do mundo, que concebem a "tela" como uma "janela" aberta para o imaginário. Esse é o jogo do qual o público renascentista aceita participar, mas para que ele se torne crível é necessário que o pintor habilidoso utilize todas as técnicas possíveis de observação da natureza, inclusive a dissecação do corpo humano, não apenas para melhor compreender seu funcionamento e organização interna, mas sobretudo para criar efeitos de maior realismo na aparência dos seres vivos e no efeito visual produzido por seus movimentos.

As valiosas técnicas plásticas de "reprodução da realidade", desde as leis da perspectiva até os estudos sobre a projeção da luz e das sombras, se desenvolveram de forma muitas vezes secreta, pois constituíam um conhecimento valioso que cada artista desejava guardar para si. É compreensível, pois os segredos mantidos sobre essas técnicas era o que garantia exclusividade do artista no mercado da arte – numa época em que a capacidade de produzir a ilusão dos efeitos da realidade passou a ser o maior (senão o único) critério de julgamento do valor da obra de arte.

Com o surgimento das Academias de Arte – primeiro em Florença, no final do século XVI, e mais tarde em Roma e em Paris –, esse conhecimento passou a ser mais sistematizado e tornou-se acessível a todos aqueles artistas que contassem com a benesse dos monarcas europeus para aperfeiçoarem sua técnica. Nesse sentido, o estudo das cores, dos efeitos da luz sobre os diferentes corpos levou rapidamente os artistas a se tornarem capazes de reproduzir qualquer coisa visível, indo até a ilusão táctil da "textura" dos objetos. Contudo, essas técnicas eram empregadas dentro de uma rede de convenções que vai se desenvolver rapidamente no século XVII, sobretudo a partir da experiência holandesa: ao lado das alegorias religiosas e políticas e dos retratos da nobreza e do clero, já bastante desenvolvidos durante o Renascimento, surgem novos "temas" como a "pintura de gênero", o "paisagismo" e a "natureza morta". Ao mesmo tempo, nas conferências da Academia de Paris busca-se estabelecer "regras de composição" das obras, analisando os resultados obtidos pelo efeito de conjunto, o "enquadramento da cena", a relação entre os gestos e os olhares que conduzem o "movimento" geral da ação – em um olhar já que "captura" a situação em um "instante-limite" ideal que sintetiza de forma metonímica toda uma situação – cristalizando uma "história" a partir de seu momento mais significativo. Mesmo numa representação visual "estática", como a da pintura e da escultura, visa-se a criação de uma situação dramática que contenha dentro de si todos os aspectos anteriores e posteriores presentes na história que está sendo contada. Às vezes, cria-se uma sequência de quadros – os triunfos de Carlos V, as cenas da paixão de Cristo, etc. – que pode ser acompanhada por um narrador que explica os detalhes das diferentes cenas e seu significado no conjunto.

O processo que o historiador da arte Ernst Gombrich (1999) chamou de "conquista da realidade", iniciado a partir do Renascimento, foi sendo gradualmente abandonado a partir do século XIX, quando a sensibilidade romântica começou a questionar os rígidos princípios do classicismo. Os pintores realistas, por sua vez, criticavam o ensino do desenho clássico, concebido a partir da observação de formas e luminosidade nas condições "artificiais" de um estúdio, pregando uma arte ao ar livre, em contato com a natureza e as pessoas do povo. O mesmo fizeram os impressionistas, preocupados em registrar um mundo que se transformava rapidamente diante de seus olhos, buscando desenvolver a melhor técnica para registrar a aparência nebulosa das coisas que se desapareciam num instante fugaz.

O esgotamento da proposta impressionista levou os artistas, no final do século XIX, a buscarem novos caminhos que iam em direção ao mundo interior, diante da crise de representação visual da realidade estabelecida pela fotografia e pelo cinema. Isso explica as propostas das vanguardas modernistas e suas tentativas de racionalizar simbolicamente o mundo (cubismo), distorcer a imagem e deformar o mundo (expressionismo), pela tentativa de destruir a sacralidade da obra de arte (dadaísmo), pela ambição em fazer da arte uma expressão do inconsciente (surrealismo), até a criação de um mundo completamente diferente, caracterizado, no limite, pelo abstracionismo. A imagem artística ao longo da primeira metade do século XX procurou se apartar da representação visual da realidade e às vezes até mesmo de qualquer significado simbólico.

Se isso acontecia no campo da "alta cultura", não se pode subestimar o desenvolvimento concomitante das chamadas "artes gráficas", voltadas para a comunicação de massas – *cartoons*, quadrinhos, cartazes publicitários, ilustrações de livros, muralismo –, cuja expressão mais elaborada seriam os desenhos animados. As representações figurativas, com cores contrastantes e formas distorcidas pelo esquematismo, seriam uma característica da cultura de massas que acabaria sendo assimilada pela arte pop e por outras manifestações de psicodelismo a partir dos anos 1960. Essa linguagem seria largamente adotada na linguagem televisiva e na produção de vídeo – hoje potencializada por programas de edição que produzem os mais variados efeitos de distorção artística das imagens em movimento.

A linguagem do vídeo, nesse sentido, é muito mais devedora do colorido da lanterna mágica do que o cinema. Sua plasticidade é diversa deste e, segundo Fredric Jameson (2004), expressa muitas vezes um "surrealismo sem inconsciente", que escapa à própria noção de narrativa – nos obrigando a questionar a possibilidade de ela ser "lida" como narrativa. As possibilidades de uma "linguagem artística pura" do vídeo é explorada em muitos videoclipes produzidos pela indústria da música pop, onde as imagens que se sucedem na tela o fazem no ritmo da música, mas nada têm a ver com o sentido de suas palavras, e nem mesmo estabelecem alguma relação de causalidade-continuidade entre si.

O videoclipe não narrativo estabelece uma situação paradoxal para o historiador, pois mobiliza elementos de significação altamente instáveis, ligados ao universo do desejo, da moda, do universo infantojuvenil, produzido de acordo com técnicas visuais que visam estimular sensorialmente algo que não pode ser decifrado facilmente. Ainda que ele não conte uma história, é possível que os historiadores futuramente possam utilizá-lo para analisar diversos processos sociais desencadeados na esfera cultural.

Quanto à narrativa audiovisual propriamente dita, não há dúvida de que ela é herdeira direta da dinâmica dos espetáculos teatrais. As primeiras sessões de "cinema" costumaram ser realizadas em casas de espetáculo cuja organização funcional ainda era devedora dos padrões estabelecidos pelo teatro barroco. Com o estabelecimento de uma "moldura" ao redor do palco, bem como as "cortinas" usadas na abertura e no encerramento, fica clara a analogia com a "janela", que da intimidade dos lares burgueses nos dá acesso à vida do outro. Que seria dos homens se sua vida fosse descortinada em público? Essa tentação *voyeurista* de entrar na intimidade dos recintos já estava presente, portanto, no teatro do século XIX.

Existiu desde o início um tipo de cinema que deve muito à alegoria barroca, voltado para a produção de efeitos fantásticos, a criação de ilusões capazes de fazer o espectador se transportar para outra realidade. A ópera barroca desenvolveu a alternância de "cenários" no fundo da "cena", graças à criação de um sistema de engenhocas. Isso visava não só aumentar a praticidade na troca dos cenários mas também a incorporação de "efeitos especiais", como nuvens, bonecos, carros e uma série de outros elementos que, movimentados por alavancas, cordas e roldanas, as quais, de forma muito astuta, eram disfarçadamente escondidas com elementos do próprio cenário e figurino dos atores. Mas mesmo quando era evidente que o anjo ou cupido de uma determinada peça estava sendo na realidade içado rapidamente por uma corda, por mais que tenha sido gracioso e sincronizado o seu gesto de alçar voo por vontade própria, ao público não parecia ridículo. Simplesmente porque aquele público barroco, a exemplo da corte do rei Luís XIV, não "via" os mecanismos por uma simples razão: eles não desejavam vê-las. Como observa Roubine (2003, p. 41)

> [...] os repetidos triunfos dos gêneros que exploravam o veio de maravilhoso, "tragédias em música e máquinas" (as óperas), mais do que comprovam que o público da época está totalmente pronto para jogar o jogo da convenção e se deixar deliciosamente abusar pelos processos ilusionistas técnicos do palco. A

incredulidade que os "doutos" lhe atribuem não é no fundo senão a projeção do senso crítico, da ironia de espectadores "profissionais" (ou "eruditos...").

O teatro moderno também é filho da perspectiva renascentista, que havia rompido com a ideia de parede e se aperfeiçoado na produção de ilusão ótica – a ideia da parede não como limite mas como ilusão de prolongamento. Nos palácios europeus é possível visualizar o esforço para a produção do *trompe l'oeil*, aquilo que "engana o olho". O esforço iluminista será lançar luz sobre as sombras, sobre os mecanismos produtores do engano, e tornar o conhecimento de suas engrenagens ocultas acessível a todos. O olhar – e também o "escutar" – estão predispostos a serem "enganados" num espetáculo, a colaborarem com a encenação, se estiverem convencidos de que os efeitos simulados podem oferecer algum prazer estético. Apenas se os atores, o cenário e os efeitos, por alguma razão, rompem o nível mínimo de verossimilhança exigido, o público se sente enganado e ridiculariza a cena. Manter a consciência crítica diante dos efeitos produzidos pelas imagens e sons seria, nesse sentido, uma perda para o espectador. Preocupado em reconhecer a técnica, ele não deixa sua imaginação livre para fantasiar, para entrar no jogo proposto pela representação, e acaba por se privar do prazer estético que seria resultante dele.

No teatro, e na ópera, o elemento fundamental do jogo de cena, que o público aceita no momento do ingresso, é o de acreditar na "quarta parede" – que depois viria a ser, nos meios audiovisuais como na pintura, chamada de "tela". O palco mostra uma cena, e nós a vemos tridimensionalmente, mas a partir de um ponto de vista distanciado. A princípio, não participamos nem interagimos com o que se passa na cena, apenas vemos e sabemos de tudo o que se passa, enquanto os personagens que estão nela não sabem. Tal como Deus observa o mundo de longe, também os homens apenas aprovam ou reprovam o que veem sem intervir. O modelo da ópera de Wagner, nesse sentido, é a total negação de qualquer intervenção do público, que é mantido na escuridão para melhor focalizar o seu olhar sobre o palco e os artistas, a quem cabe atenção exclusiva como legítimos objetos de culto. Com a grandiosa arquitetura dos cenários, a mobilização de recursos orquestrais e a dramatização dos grandes mitos nacionais, Wagner batizou a ópera como *Gesamtkunstwerk*, a "obra de arte total" do século XIX, como o cinema viria a ser considerado no século XX.

A história dos audiovisuais se mistura, portanto, com a história da espectorialidade. Todos os conceitos até agora mencionados como "tela", "quarta parede invisível", "quadro", "janela", "cenário" se remetem ainda aos paradigmas de visualidade da era renascentista e barroca. Os estudos sobre a persistência retiniana também se remetem à era barroca e à sua obsessão pela ilusão de ótica. A história da constituição do olhar cinematográfico se relaciona com a busca pela multiplicação do olhar do indivíduo, seja através de ampliação graças a instrumentos óticos, seja através do registro e da reprodução de diferentes paisagens, povos e culturas, com outros símbolos, gestos, roupas e crenças.

Os avanços da ciência desde o século XVII no campo da ótica são testemunhos do deslocamento do olhar, não apenas no espaço, mas em busca de alcançar o aguçamento da perspectiva através de lentes de auxílio. Ao desenvolvimento da ótica se seguiu o da astronomia e da microbiologia, com a extraordinária capacidade de ampliação da visão dos detalhes para muito longe ou muito perto, a busca por ver o que ainda não foi visto, guardar na retina imagens que ajudem a compreender as leis do universo que regem o funcionamento dos homens e da natureza.

A lente não serve apenas para que o olho humano amplie sua capacidade para ver a realidade ao seu redor, mas também para projetar uma realidade fantástica. Em Roma, por volta de 1640, um jesuíta alemão chamado Athanasius Kircher, que se dedicava a esses estudos óticos, criou a "lanterna mágica", tornando possível projetar, na parede de uma sala escura, um conjunto de figuras coloridas. Através de uma vela acesa dentro de um candeeiro escuro, se projetava sua luz unicamente por um tubo que, protegido por uma lente, permitia regular a intensidade do foco, sobre o qual era interposta uma chapa de vidro na qual estavam pintadas à mão as figuras coloridas. O efeito era de "pinturas de luz", bastante estáticas ainda, embora artificialmente mais animadas do que um "projetor de *slides*", pois era possível movimentar a chama e produzir produzir variações de intensidade ou efeitos de sobreposição de um *slide* sobre o outro. Assim tornou-se possível simular movimentos nas figuras, bem como produzir "efeitos etéreos" sobre a paisagem, como o movimento de uma torrente de água ou as variações da fumaça de um vulcão, além de mudanças de uma fachada de edifício, o contraste dia e noite, entre outros.

Não surpreende que o padre Kircher estivesse envolvido também com o processo de mecanização da música, criador de um órgão hidráulico que "funcionava sozinho". A busca do "moto contínuo" levou os pesquisadores da época, inspirados por Leibniz, a estudarem as formas de produção e armazenamento de energia, sobretudo da energia mecânica. Com isso, foram desenvolvidas não apenas técnicas de mecanização da produção dos instrumentos musicais, como o cravo e o piano, mas a própria produção de música mecanizada. O realejo, nesse sentido, foi uma das formas precursoras de reprodução mecânica de música – uma verdadeira caixa de som movida a manivela. As "caixinhas de música" criadas no final do século XVIII eram acionadas por um "dispositivo de molas" que armazenava a energia do giro de uma chave dentada, o que popularmente era chamado "movido a corda". O mecanismo foi se tornando complexo quando se conseguiu, ao mesmo tempo que se ouvia a música, colocar a estatueta de uma bailarina em cima da caixinha, que girava e deslizava graças ao movimento produzido por um imã que o mecanismo movimentava por debaixo de um espelho.

O interesse por mecanismos autômatos marcou o século XVIII, tanto por parte dos filósofos iluministas quanto por parte da nobreza europeia. A máquina era um triunfo da razão, produto da inteligência humana que, como tal, deveria ser decifrada. Para os artesãos que produziam esses complicadas máquinas audiovisuais, elas serviam sobretudo para produzir o deleite, individual e frívolo, de frequentadores das cortes europeias, que sem entender seu funcionamento os encaravam como curiosidades, às vezes rapidamente desprezadas como brinquedos infantis. Outros mecanismos, como o realejo, eram úteis para artistas de circo e teatros populares, pois dispensava a contratação de músicos profissionais para realização do espetáculo. Por outro lado, a lanterna mágica era incorporada aos números de ilusionismo, e para tudo se cobrava ingresso, pois se tratava de um show de se "pagar para ver" e, indiretamente, ouvir. Em outros casos, o próprio teatro era realizado para vender determinado produto – aquilo que Adorno chamaria posteriormente de "gritaria de charlatães de feira".

A revolução industrial e os novos inventos permitiram que no século XIX houvesse uma inversão da câmera escura. Se no período barroco a lanterna mágica era usada para projetar figuras no exterior, os inventores da fotografia voltaram suas lentes para dentro, visando apreender imagens que se retivessem no fundo da câmera. A fotografia se tornou a "lente da verdade", capaz de capturar uma imagem, um fragmento do mundo, a partir de meios unicamente mecânicos.

Por meio da lente chamada "objetiva", a aparência das coisas era capturada através do desenho de luz. Em 1827, Nièpce decalcou a imagem da vista de uma janela no fundo de uma câmera, após deixar a passagem de luz aberta durante cerca de oito horas. O chamado "tempo de exposição", a regulagem da entrada de luz pelo "obturador" e a regulagem do foco da lente tornaram-se os principais instrumentos utilizados pelos primeiros fotógrafos para produzir diversos efeitos – que muitas vezes se distanciavam da "impressão de realidade". Ao contrário, incapaz ainda de registrar o rápido movimento dos corpos, as primeiras fotografias registravam as ruas das cidades vazias. Essas fotografias geraram, como observa Walter Benjamin, um estranhamento diante de um mundo retratado como desabitado. Curiosamente, os primeiros seres humanos a serem retratados por Daguerre seriam um engraxate e seu cliente, que ficaram mais ou menos na mesma posição por vários minutos.

Graças à fotografia, surgiriam novas possibilidades de criar imagens em sequência que, juntas, se constituiriam como uma narrativa. Catálogos de empresas coloniais, campanhas de reconhecimento militar, reportagens de guerra e expedições, álbuns de viagens, uma série de narrativas visuais se tornaram mais acessíveis graças à fotografia e à sua capacidade de ser reproduzida em larga escala. No século XX, a fotografia conseguiria superar o olho humano e capturar a impressão das coisas congeladas num instante fugaz. Assim, seria incorporada às atividades da imprensa, levando à criação de revistas ilustradas, fotonovelas, etc. Acompanhada de texto-legenda explicativa, a fotografia ganha outras conotações, como afirma Roland Barthes (2004), podendo inclusive produzir outros significados.

Outros usos foram feitos da fotografia: expressões artísticas que exploravam as manchas e outras "imperfeições" geradas pelo "uso incorreto" da regulagem de lentes e obturador, que passaram a servir para manifestações "artísticas", chegando a expressões de "fotografia abstrata". Outro exemplo é a fotomontagem, derivada da trucagem fotográfica, que passou a ser empregada inicialmente pelos dadaístas e posteriormente pelos surrealistas para produção de efeitos artísticos.

Das experiências com nitrato de prata e outros produtos químicos fotossensíveis para a reprodução material da imagem, surgiram também diversos outros suportes fotográficos, a superfície porosa da louça, o filme de celulose e, atualmente, telas de cristal líquido que servem para visualização do registro digital. Apesar da invenção da imagem em movimento, desde a invenção do cinema, a fotografia ainda fascina, pois permite contemplar o passado como instante único e irrecuperável, como fragmento significativo – sobre o qual às vezes é possível perceber, como metonímia de um processo histórico, um tal grau de simbolismo que chegamos a acreditar, por um momento, que a fotografia é capaz de revelar a verdade transcendente dos fatos.

Produzidas inicialmente com diversas finalidades (jornalística, memorialística, científica, etc.), a fotografia acabou se tornando uma das ferramentas fundamentais na produção audiovisual no campo da história. Testemunho "congelado" do passado, passou a ser utilizada em documentários, programas de televisão e, com a digitalização, em pequenas apresentações de slides explicativos, bem como em vídeos escolares. A mais estática exibição de uma fotografia ganha, nesse sentido, uma outra dimensão: a reflexão a respeito de sua relação com a fotografia imediatamente anterior e as demais, e o estabelecimento de um sentido narrativo entre elas – muitas vezes sacrificado por detalhes não muito bem observados por quem as seleciona e que acabam por contradizer o sentido do discurso que se pretende produzir.

O uso da fotografia na produção audiovisual, portanto, mesmo em suas versões mais "estáticas", como numa apresentação de slides, já possui essa dimensão protonarrativa, na medida em que está implícita uma lógica de duração e sequencialidade. Como observa Christian Metz, citando Albert Laffay:

> O espectador percebe imagens que foram visivelmente escolhidas (poderiam ter sido outras), que foram visivelmente ordenadas (sua ordem poderia ter sido outra): ele folheia de certo modo um álbum de imagens impostas, e não é ele quem vira as páginas, mas forçosamente algum "mestre de cerimônia", algum "grão-mestre das imagens" que [...] é sempre em primeiro lugar o próprio filme enquanto objeto linguístico (já que o espectador sabe sempre que é um filme que ele está vendo) (METZ, 2007, p. 34).

Vários documentários históricos utilizam a metáfora do "álbum de fotografias" em sua abertura, evocando a nostalgia da própria concepção de coleção numa era em que a maioria das fotos produzidas hoje possuem existência meramente digital e são assim disponibilizadas em rede, com variados graus de acesso.

As limitações do uso da fotografia na produção de documentários (e mesmo na narrativa de ficção) nos remetem à célebre distinção estabelecida entre a fotografia e o cinema por André Bazin em *O que é o cinema* (1960): a primeira possui um caráter *centrípeto*, enquanto a imagem cinematográfica possui um caráter *centrífugo*. Na primeira, o olhar fica restrito à moldura, não se importa com o que existe mais além, entendendo a imagem como "acabada". O olhar cinematográfico é qualitativamente diferente porque nele a imagem está sempre "em processo", dadas as qualidades temporais de duração e movimento, envolvidas numa narrativa. O deslocamento do olhar é constante, há sempre algo que não está sendo "mostrado", mas que pode "entrar em cena" ou ser "enquadrado pela câmera" a qualquer momento.

No momento em que as fotografias passaram a ser utilizadas na expressão audiovisual, elas passam a ter o efeito de "duração", superando aquilo que Christian Metz afirma na *Semiótica do cinema (1968)*:

> Antes do cinema, havia a fotografia. Entre todas as espécies de imagens, a fotografia era a mais rica em índices de realidade [...] Mas esse material tão semelhante ainda não o era suficientemente; faltava-lhe o tempo, faltava-lhe uma transposição aceitável do volume, faltava-lhe a sensação do movimento, comumente sentida como sinônimo de vida (METZ, 2007, p. 28).

O caráter "estático" da fotografia e da pintura foi relativizado no momento em que um "segundo olhar" era lançado sobre elas: o da câmera em movimento, que percorre a superfície plana da imagem estática. Como um olho, uma filmadora pode realizar uma trajetória "dentro" da fotografia em diversas direções, focando detalhes que passariam praticamente despercebidos num "plano geral", estabelecendo diversos "cortes" ou "planos" dentro de uma mesma imagem – cada um deles ressignificados pelo seu próprio deslocamento do contexto geral. Essa "técnica" de movimentar-se "dentro da imagem" foi criada provavelmente pela dificuldade de apreender uma grande obra num único "plano", descobrindo-se os extraordinários efeitos narrativos que com esse movimento podem se extrair.

Ao utilizar o deslocamento da câmera sobre uma fotografia, o videodocumentário lhe confere o caráter centrífugo próprio da linguagem audiovisual e, com isso, lhe confere significado. O simples movimento de fazer a câmera "mergulhar" num retrato até focar o olhar do personagem retratado dota a fotografia de um grau mais elevado de subjetividade, como se estivéssemos entrando em seus pensamentos. De resto, não é isso mesmo que os nossos olhos fazem o tempo inteiro com a realidade, percorrendo ambientes e se focando em detalhes?

Ao "dar vida" às imagens fotográficas, estabelece-se uma "leitura" da imagem, uma sequência através da qual o espectador observa relações de causa e efeito. Numa reportagem televisiva ou videodocumentário sobre as manifestações de 1968, podemos percorrer uma foto dos protestos de rua, por exemplo, visualizando primeiro um manifestante correndo e, em seguida, pelo deslocamento da câmera, "descobrimos" o policial que o persegue atrás dele. Na medida em que o movimento da câmera é realizado em sentido contrário à direção em que corre o manifestante, a impressão de movimento é ainda maior. Estabelecida uma relação de efeito-causa – como se o manifestante "passasse" por nosso olhar e em seguida "surgisse" o policial em seu encalço –, existe nessa "trajetória", ou simulação, uma dimensão que já é protonarrativa.

A utilização de fotografias na produção audiovisual deve ser analisada, portanto, a partir de seu "uso criativo", do que é destacado e valorizado e dos detalhes que muitas vezes se perdem na constituição de uma narrativa a respeito dela. Sua situação de "fragmento", "parte de uma série de imagens" sobre a qual se deseja estabelecer uma relação de sentido, nos remete às origens do próprio cinema, que surgiu nada mais do que a partir das experiências com fotossequências.

O cinema: projeção de luz
sobre tela em uma sala escura

A invenção do cinema envolve um aspecto técnico (aprimoramento das fotos em sequência, mecanismos de projeção), um aspecto comercial (transformação em indústria de massas) e um aspecto comunicacional (desenvolvimento de padrões de linguagem e constituição de uma narrativa).

Esses diversos aspectos não se desenvolveram em separado – ao contrário, se determinaram mutuamente. Não é de outra maneira que podemos compreender por que em Paris, capital mundial da modernidade e do divertimento popular, o cinema evoluiu rapidamente para a indústria do espetáculo, projetado em palcos de teatro, enquanto nos Estados Unidos se desenvolviam experiências de kinetoscópio, um equipamento de visualização individual onde era possível contemplar imagens "dentro de uma caixa". Eram experiências diferentes de visualização: a primeira marcada para uma concepção de expectação como "fato social", outra voltada para a apreciação *voyeurista* do sujeito que paga para "espiar" algo que só ele pode ver.

A história do audiovisual no século XX expressa essa tensão entre o público e o privado, e também entre o moralizante e o obsceno, padrões que variam para cada sociedade, e relacionam-se com diferentes tipos de sociabilidade, adaptados às diferentes dimensões assumidas pela "tela" e as condições de sua "portabilidade". O cinema é concebido até hoje como a reunião de um grande público em uma sala escura para contemplar imagens luminosas que se movimentam projetadas numa "tela grande". A renda da produção de filmes advém da compra de ingressos (tal como no teatro e nos espetáculos de música, dança, circo, etc.). O espectador literalmente "paga pra ver" e aceita compartilhar essa experiência com outras pessoas que ele não conhece em sua maioria – embora seja da convenção social que se vá ao cinema acompanhado da família, dos amigos, de pessoas que estão namorando ou quase. A escuridão da sala de projeção teve, como um de seus efeitos sociais colaterais, o surgimento do "namoro no cinema", aproveitando aquele momento de "invisibilidade" diante dos olhares repressores de uma sociedade moralista para a realização de pequenas "perversões" adolescentes. Uma história social do cinema deveria levar em conta que, para certa parcela do público pagante, o filme era realmente era aquilo que menos importava.

Diferente era a posição da crítica de cinema. Jornalistas aprenderam a utilizar técnicas de redação dentro da sala escura, ou posteriormente utilizando gravadores de voz para registrarem seus comentários durante a exibição, sem perder o foco na tela (AUMONT; MARIE, 2009). Era necessário levar ao público uma opinião abalizada sobre o filme, saber do que se tratava, quais eram suas qualidades, o que não se deveria esperar – enfim, saber se o pagamento do ingresso valeria a pena, de acordo com suas expectativas.

Entre os primeiros críticos e cineastas, surgiriam os primeiros teóricos do cinema. Refletindo sobre os efeitos que a sucessão das imagens exercia sobre a plateia, começaram a analisar a maneira como as imagens – sobretudo quando organizadas segundo um princípio de "montagem" – produziam diferentes efeitos sobre os espectadores. A ideia de que, através da montagem, era possível estabelecer nexos narrativos, condensar a história, amplificar detalhes e inclusive estabelecer "comparações" entre duas imagens completamente separadas no tempo e no espaço tornou possível considerar o cinema em sua "fase silenciosa" como uma "linguagem".

Entre os efeitos "especiais" produzidos, está em primeiro lugar o fato de vermos no cinema movimento de imagens, quando na realidade o que há é apenas uma sucessão de fotogramas – um efeito de ilusão de ótica, em todos os sentidos.

O cinema foi comparado, desde o princípio, como universo do sonho, onde uma série de projeções do inconsciente poderiam se manifestar. O surrealismo levou a teoria da psicanálise como base de formulação de sua concepção estética, compreendendo a arte de forma análoga ao sonho, logo como expressão do inconsciente do artista. Por outro lado, havia o fascínio pela manipulação política do inconsciente das massas, que inspiraram diversas experiências de propaganda. Através do cinema parecia ser possível controlar as mentes ingênuas, promover a adesão a uma ideia e sedimentar um sistema de crenças coletivas.

A potencialidade propagandística do cinema nunca passou despercebida, desde que durante a Primeira Guerra Mundial foram rodados os primeiros filmes com essa finalidade (FURHAMMAR; ISAKSSON, 1976). A revolução de outubro rendeu uma geração de geniais cineastas à Rússia, interessados no desenvolvimento da linguagem do cinema e no ensino de suas técnicas. Pudovkin e Kulechov tornaram-se os primeiros "professores" de cinema a analisar os mecanismos pelos quais os filmes de Hollywood desenvolviam suas narrativas, identificando na rapidez da mudança de planos a essência do seu dinamismo. Eisenstein daria nova vida ao princípio de montagem, produzindo outro tipo de efeito de identificação a partir do confronto de duas imagens-conceito.

Esse período "clássico" do cinema mudo é identificado por muitos como a época da "montagem-rei", quando o cinema era visto ainda como "música com imagens", fundamentado na contraposição de diferentes ícones que, juntos, produziam o significado da narrativa. A introdução do som sincronizado no cinema colocou em crise as primeiras teorias que apostavam no desenvolvimento de uma linguagem puramente imagética, que parecia estar ocorrendo com a primeira geração do cinema. O cinema sonoro foi lamentado por muitos como o "retorno da primazia da dramaturgia", que vinha a obliterar o desenvolvimento daquilo que estava sendo identificado como uma espécie de moderna "linguagem hieroglífica". É como se o surto de criatividade vanguardista da geração dos anos 1920, que desenvolveu linguagens inovadoras na relação entre imagens e narrativa, tivesse sido abruptamente interrompido pela inoportuna aparição da técnica do "cinema falado".

A "introdução do som sincronizado" no cinema não começou com a gravação simultânea de som e imagem. Desde os primeiros filmes exibidos, nunca houve o silêncio. As imagens eram projetadas na tela enquanto, além dos ruídos do público, um piano, uma banda ou uma orquestra acompanhava seu "ritmo", ou um "apresentador de filmes" comentava e explicava o que os espectadores estavam vendo – como fazia o mestre de cerimônias do teatro de revista, apresentando as atrações. As formas de comercializar cinema eram inspiradas nos padrões da indústria do espetáculo existente, formas de entretenimento consideradas muitas vezes vulgares.

Mesmo no campo dos cineastas que já se pensavam como "artistas" na fase do cinema mudo, a trilha sonora era concebida em termos de sincronicidade com o ritmo de alternância de diferentes planos, mas também capaz de dar densidade dramática à narrativa proposta. As partituras acompanhavam muitas vezes os filmes, e quando não as tinha, muitas vezes o pianista improvisava a partir do que passava na tela, tentando de certa forma sintetizar o que se via.

Analisando o caso mais simples de produção audiovisual – uma apresentação de slides combinada com música –, busca-se a produção de sentido através de uma colagem de fotos, música e texto (muitas vezes escrito), de onde é possível estabelecer diversas relações de sentido, tanto no nível denotativo (isto é um gato) quanto no conotativo (acompanhado de uma música infantil). Muitas vezes as imagens se sucedem no ritmo da música, sob a influência da linguagem do videoclipe. Também o cinema, em sua fase muda, seria definido como uma espécie de "música com imagens", dada a importância do ritmo na produção dos seus efeitos narrativos, no estabelecimento de relações de continuidade entre um plano e outro e nos sentidos dramáticos que agregava dessa forma às ações.

Com a invenção do cinema sonoro, sincronizado, tornou-se mais barato realizar produções orquestradas, valorizar os diálogos, os ruídos, todos os efeitos que reforçavam sentidos visuais e sentidos narrativos dentro da história. Com a invenção do cinema sonoro, pôde ser acentuada a profundidade do campo cinematográfico, e para além de sua tridimensionalidade, pois é possível dar ao espectador a oportunidade de ouvir sons cuja produção não se situa em seu campo de visão mas que ele "sabe" que podem "fazer parte da cena", ou mesmo anunciar uma mudança de tempo-espaço. É o chamado "som fora de campo", que pode fazer parte do "espaço diegético" (no cinema, podemos ouvir um tiro, sabemos de onde ele veio em relação ao ângulo da cena). O chamado "som fora de campo" pode ser também uma narração ou música cuja produção não se situa "dentro da história", mas "ao nosso lado", explicando, acentuando nuances dramáticas, fazendo "comentários" em relação à imagem que vemos, dando opiniões (BERCHMANS, 2006).

Há, portanto, três tipos de sons presentes em um filme: o som verbal, o som musical e o ruído, embora a diferença entre eles seja muitas vezes sutil, determinada pela intenção dos autores, mas também pela capacidade de decodificação do público que os percebe.

O filme hollywoodiano clássico é marcado por uma concepção estética naturalista: a reprodução fiel da aparência das coisas na constituição de um drama clássico, através de uma sequência de diferentes tomadas de enquadramento que se sucedem num ritmo compatível com as ações dos personagens e seu impacto no desenvolvimento da trama. Nesse sentido, o cinema era o herdeiro direto do melodrama do século XIX, voltado inicialmente para um público popular.

Assim surgia *O nascimento de uma nação*, de David W. Griffith, marco do cinema hollywoodiano. O filme tematizava o surgimento da Ku Klux Klan, organização secreta que radicais brancos sulistas norte-americanos criaram após a Guerra Civil Americana, que havia terminado com sua derrota. Mas a guerra é no filme apenas o contexto, pois o que está em primeiro plano é o drama familiar, os primos do norte e os primos do sul. A ascensão social e política dos negros com a abolição da escravidão reforçava o medo de a raça branca se extinguir se houvesse a possibilidade do casamento interracial. Vale a pena comentar que, no filme, Gus, um soldado negro dos Yankees e que é responsável pela morte de uma moça branca que ele perseguia, é na verdade Walter Long, um ator branco que representou com o rosto pintado com tinta preta.

A respeito do filme, o presidente Woodrow Wilson teria dito: "é como escrever história com luzes. A única coisa que lamento é que tudo é de uma verdade tão terrível". Apesar do conteúdo racista da obra em que foi inspirado, o diretor do filme teria conseguido arrancar uma forma expressiva terrivelmente convincente – e que infelizmente seria usada a serviço da propaganda da KKK. Através de uma sequência de planos encadeados por um jogo de olhares e movimentos, bem como através das mudanças de cenas, conseguiu-se uma narrativa visual que "fluía" harmoniosamente, sem que o espectador percebesse o trabalho realizado no filme – ou seja, a história transcorria com total "transparência". Era como se a tela fosse uma janela aberta para o mundo, e o espectador se sentisse o narrador onisciente em relação ao universo do qual participava. Enfim, um filme que seria o equivalente de leitura de um romance ou da apreciação de uma peça teatral, porém com maiores recursos cênicos, visuais e musicais, ainda que sem as falas e o colorido do teatro.

A invenção do som trouxe diálogos para dentro do universo representado na tela no lugar de letreiros interpostos, bem como agregou os ruídos e a música na ambientação das cenas, reforçando as sensações provocadas pelas imagens. A narrativa clássica hollywoodiana incorporou esses efeitos aos grandes estúdios, nos anos 1930, adotando a estética naturalista de forma ainda mais evidente. Na realidade, apostou naquilo que atraía o grande público, especializando-se na produção de efeitos especiais que visassem o "aumento de realismo" na sensação do espectador diante da cena, por mais fantasiosa e absurda que fosse a situação em si. O espectador, por sua vez, participa da ilusão de transparência proposta e mergulha fundo no universo do filme. É dessa experiência que surgiriam as primeiras formas de culto cinematográfico, a dos diferentes gêneros como os filmes de faroeste e policiais, até o das estrelas de cinema, destinadas a se tornarem celebridades populares internacionais.

Embora criticada por sua "superficialidade", "repetição de clichês", bem como suas "implicações ideológicas" no amortecimento da consciência das massas, as produções hollywoodianas se mantiveram ao longo do século XX como as maiores bilheterias. Isso, é claro, não dependia apenas de suas qualidades, mas também (e, diríamos, principalmente) em função do controle exercido sobre as grandes cadeias de distribuição de filmes em todo o mundo. Podemos questionar o cinema clássico hollywoodiano a partir dos seus princípios, da natureza do jogo de ilusões que esse cinema propõe. Entretanto, até mesmo seus mais ferozes críticos reconhecem a eficiência de Hollywood e o bom acabamento dos filmes, discordando entretanto dos seus pressupostos – entre eles, até mesmo o a concepção de que um bom filme deva ser "bem-acabado". Outros, como os adeptos da teoria crítica, abominam o fato de que suas técnicas foram usadas para reforçar a "imbecilização coletiva" em proveito da exploração do trabalho alienado no capitalismo. De qualquer forma, se aceitamos o jogo proposto no cinema clássico como válido (aliás, como boa parte do cinema internacional fez ao imitar seus procedimentos), devemos reconhecer a maestria atingida pelos estúdios norte-americanos na produção de efeitos narrativos com a câmera e a maneira como através deles consegue prender nossa atenção.

A partir dos anos 1930, com o surgimento do *technicolor* ou cinema colorido, maior "realismo" seria agregado à imagem cinematográfica, embora seu uso tenha gerado debates estéticos, na medida em que o colorido parecia dar à realidade da imagem um conteúdo demasiadamente literal. As imagens em preto e branco, por outro lado, conferiam maior distanciamento do espectador em relação ao caráter representacional daquilo que se vê. Ou seja, paradoxalmente, não se trata de falar em realismo da imagem cinematográfica, mas na "ilusão de realismo".

As diferenças estéticas entre o cinema colorido e as imagens em preto e branco não se esgotam no maior "efeito realista" das primeiras. Ficou convencionado o uso do P&B (como dizem os entusiastas) para "filmes de arte", embora seja possível produzir filmes de arte coloridos. Mas as cores modificam radicalmente nossa percepção, pois elas são capazes, como já sabiam os impressionistas, de trazer para o primeiro plano objetos que, numa escala de cinza, passariam despercebidos. Em geral, costuma-se pensar que o filme em preto e branco é mais "racional", mais preocupado com o perfil, a linearidade, o jogo de luz e sombra e as regras de composição. Em outras palavras, seria mais "linear", enquanto que o cinema colorido seria, obviamente, mais "pictórico", para usar os conceitos de história da arte cunhados por Heinrich Wölfflin no século XIX. Entretanto, como esse mesmo autor já apontava, é possível que o pictórico tenha expressões não apenas na pintura, mas também na escultura, e mesmo no desenho e na gravura – pois o que importaria não seriam tanto as cores, e sim a forma de expressão característica do artista, que define sua concepção visual primordialmente a partir de linhas ou "manchas".

A definição dos traços no cinema não depende certamente da habilidade manual do diretor, mas da iluminação, do foco, do tipo de filtro utilizado, etc. De maneira que poderíamos também falar em um cinema de concepção mais pictórica e em outro mais voltado para a linearidade – independentemente do uso de filmes coloridos ou em preto e branco. De qualquer maneira, não há como questionar que no atual uso do preto e branco há uma relativa perda da ilusão realista, um distanciamento maior do espectador em relação ao universo observado na tela. Como se houvesse uma linha demarcatória de que aquilo que está ali projetado representa um outro mundo, relativo ao passado ou à poesia, mas que não se confunde, nem quer se confundir, com o "nosso mundo" cotidiano. A maior parte das imagens das ditaduras militares latino-americanas dos anos 1960 exemplifica como as imagens em preto e branco favorecem o "envelhecimento precoce" de fatos da história recente, na medida em que contribuíram para que as novas gerações perdessem a referência do tempo transcorrido, ao mesmo tempo em que a multiplicidade de cores psicodélicas da virada dos anos 1960 se perdem numa mesma granulação acinzentada.

O contrário, entretanto, nem sempre é verdadeiro: não se pode afirmar que o filme colorido sempre aumenta a sensação de identificação com a realidade ao nosso redor. Afinal, entre as experiências cinematográficas com o colorido das películas, havia aquelas que nada tinham a ver com o realismo, senão com o aprofundamento no mergulho ao mundo de imaginação: as animações produzidas por Walt Disney. Através delas, Disney não apenas dera vida e voz ao camundongo Mickey mas também criara um universo mágico, onde não havia limites para a fantasia. Apenas mais tarde esse pendor imaginativo seria possível de ser incorporado ao "realismo cinematográfico" através de diversos "efeitos especiais" – do velho *chroma key*, que simulava cenários fabulosos ao fundo, até a moderna computação gráfica, que pode simular praticamente qualquer cenário, monstro, aparelho ou cataclismo, com tridimensionalidade, incluindo efeitos de sombra e textura.

Mas enquanto o cinema criava sua própria "parafernália" barroca de efeitos especiais, na Itália surgia um novo tipo de cinema, voltado para o registro da realidade – mais especificamente a realidade imediata da guerra, da reconstrução dos países europeus. Essa perspectiva estética e política foi possível, entre outras coisas, em função da captação de som direto, simultâneo à filmagem. Com isso, parecia se confirmar aquilo que o teórico André Bazin havia observado:

> o cinema, desde sua invenção, tendeu continuamente para o realismo". A filmagem fora dos estúdios, em

locações reais, com atores igualmente "reais", ou seja, amadores improvisados que representavam uma experiência muito próxima daquela por eles vivida, todos esses eram elementos que acrescentavam um plus de realidade à imagem filmada, dando a ela um caráter quase documental (BAZIN, 1991, p. 243)

A tecnologia de gravação do som direto teria desdobramentos no chamado *cine-direto*, que procura capturar os eventos no momento em que eles estão ocorrendo. Essa busca em registrar o presente espetacular acabaria sendo o objetivo dos repórteres dos noticiários de televisão – profissão com a qual se sustentavam alguns produtores de documentários.

Televisão: imagens e sons em fluxo contínuo

Nascida nos anos 1930, a televisão teria de esperar até o final da Segunda Guerra Mundial para começar a ter um grau de organização e difusão semelhante à do rádio. Apenas nos anos 1950 surgiria a televisão comercial nos Estados Unidos, calcada em uma grade e horários organizada em torno de um modelo de família norte-americana, sustentada pelos anúncios publicitários veiculados nos intervalos da programação. Com a exportação do *American Way of Life,* se convencionou em diversos países a prática de veicular programação voltada às donas de casa durante a manhã, para as crianças no período da tarde, para os idosos no final da tarde e para os homens durante a noite – o chamado "horário nobre", que para os anunciantes significava "audiência máxima" em virtude de poder contar com toda a família reunida.

Evidentemente que desde os anos 1950 muita coisa mudou em termos de hábitos de consumo, com a segmentação cada vez maior de mercados consumidores, inclusive da programação televisiva – e isso sem falar nas modificações ocorridas na definição dos papéis de gênero e na própria concepção de família. Mas permanece, de qualquer forma, a ideia de que há uma "programação" a ser oferecida e de anúncios a serem veiculados em intervalos comerciais para promoção dos lucros das produtoras e dos canais de veiculação. Da mesma forma, a programação televisiva aumentou e se diversificou bastante, ainda que, embora haja atualmente cada vez mais gêneros híbridos de *telerrealidade,* na expressão de François Jost, a maior parte da programação ainda se divide entre os mais tradicionais gêneros: notícias/reportagens, entrevistas/debates, seriados/ novelas, jogos/competições e, é claro, filmes originalmente exibidos no cinema.

O cinema encerra os fundamentos de uma obra cuja existência é determinada entre o começo e o fim da exibição. A natureza da televisão, como meio de teledifusão, é radicalmente diferente, pois é a "novidade da informação", o seu ineditismo e seu apelo incessante de atenção que determinam seu conteúdo. Para Williams (2003), não é a técnica da televisão que transformou a sociedade, mas sim a maneira como a sociedade desenvolveu a linguagem dessa técnica, de acordo com a função social que a televisão deveria atender. Em outras palavras, a invenção não é obra de gênios da engenharia, e sim de uma necessidade social a ser satisfeita. Essa exigência, ao lado da sua viabilidade comercial, é o que define a linguagem audiovisual desenvolvida no novo meio.

Pela sua forma de organização, a televisão é muito mais herdeira do teatro de variedades e da revista do que do cinema, que tende a estabelecer uma relação mais próxima da literatura enquanto "obra". Mas a comparação tem limites, pois um filme normalmente é assistido em fluxo contínuo, enquanto que um livro, a não ser que seja de proporções diminutas, dificilmente será lido sem nenhuma pausa – pelo menos para as refeições. O que ocorre é que também cinema, quando exibido na televisão, é disposto de forma fragmentada. O filme é "desmontado" em suas partes e "recheado" de comerciais, e isso certamente acaba tendo no espectador um impacto quase decepcionante, um amortecedor das tensões que ele experimentava acompanhando a narrativa. Mas o comercial funciona também como uma pausa para o lanche ou para ir ao banheiro, na medida em que, muitas vezes, o espectador em sua casa não havia se "programado" para ver o filme da mesma forma que quando vai ao cinema. Entretanto, segundo Raymond Williams, essa dinâmica passa a ser constitutiva da linguagem televisiva, pois, ainda que o espectador que assiste à televisão perceba os "intervalos" como interrupções, o fluxo de imagem e som é constante:

> O que está sendo oferecido não é, nos antigos termos, um programa de diferentes unidades com pequenas inserções, mas um fluxo planejado, no qual a verdadeira série não é a sequência exibida dos itens do programa, mas essa sequência transformada pela inclusão de outro tipo de sequência, de forma que essas sequências juntas compõem o verdadeiro fluxo, a verdadeira "transmissão". Tanto na televisão comercial quanto na pública, uma sequência maior tem sido cada vez mais inserida: *trailers* de programas que serão exibidos nos horários seguintes ou nos próximos dias, ou dados mais específicos sobre a programação. Isso foi intensificado em função da competição, quando se tornou importante difundir a programação para manter os espectadores – ou, como eles costumam dizer, "capturá-los" – e manter sua audiência a noite inteira (WILLIAMS, 2003, p. 91, tradução nossa).

No momento em que o telespectador teve ao seu alcance um controle remoto e uma centena de canais à sua disposição, esse processo se aprofundou. O *zapping*, movimento insaciável de troca de canais, pode ser explicado pelo tédio do espectador diante do recebimento de informações visuais e sonoras que ele não deseja (comerciais ou programas), esperando que repentinamente algo lhe desperte algum interesse. A linguagem televisiva, já fragmentada entre comerciais, teve sua recepção ainda mais fragmentada pelo *zapping* – o espectador em busca de espetáculo vê frustradas suas "expectativas" e acaba buscando novas fontes de satisfação. A raiz latina *speculum*, presente tanto no espetáculo quanto no espectador, nos remete à metáfora da televisão como um espelho, onde o espectador deseja refletir seus desejos narcísicos e hedonistas – como a madrasta má de Branca de Neve, que pretende que o espelho lhe diga que ela é a mais bela mulher que existe. Com o *zapping*, entretanto, o espelho se partiu em pedaços, e nesse variado mosaico o espectador se move, tentando encontrar algo que lhe agrade. Qual seria o impacto desse bombardeio de imagens descontínuas e aleatórias do *zapping* sobre a consciência humana? Quantas combinações de sentido poderiam ser feitas pelo espectador entre diversos programas *zappeados*? Do lado dos produtores, quais seriam as estratégias para fisgar e agarrar a audiência desse público inquieto?

Para os historiadores, parece difícil compreender esse processo de recepção e decifrar os códigos do meio televisivo. O historiador Pierre Sorlin, um dos primeiros a enfrentar o desafio da análise da programação histórica televisiva, observou recentemente:

> Depois de muito tempo os historiadores se tornaram familiarizados com a imagem fixa. Mapas, gravuras, retratos e fotografias dispõem, portanto, de tanto espaço em sua documentação quanto os arquivos escritos. O cinema, cujo desenrolar não controlamos e que é impossível de citar, finalmente teve reconhecida, depois de um século de desconfiança, sua dignidade de fonte íntegra. A televisão, em compensação, permanece largamente ignorada (SORLIN, 2009, p. 41).

Motivos para esse comportamento são apontados pelo próprio historiador. As resistências poderiam ser explicadas por vários fatores, sobretudo aqueles de ordem documental – a dificuldade de acesso a arquivos televisivos, a imprecisão de sua catalogação e sobretudo a falta de referência a respeito das imagens exibidas nos programas, sua descontextualização, etc.

(BUSETTO, 2011). Além disso, há o desconforto com o tipo de discurso que é veiculado pela TV em sua linguagem direta, concisa e muitas vezes taxativa, cujo ritmo acelerado imposto pela dinâmica de atenção que caracteriza o fluxo não permite o aprofundamento das questões que ali são apresentadas. Problemas dessa ordem, contudo, não são segundo Sorlin exclusivos da programação televisiva; ao contrário, se verificam em vários outros tipos de fonte, inclusive nas imagens e notícias veiculadas pelos jornais de papel, que nem por isso deixam de servir à pesquisa histórica.

Uma vez sedimentados os formatos de produção televisiva, os historiadores finalmente começam a timidamente arregaçar as mangas para realizar seu trabalho utilizando fontes televisuais. A despeito da falta de referência a fontes, e da dificuldade de se estabelecer qual é o enunciador e quais são suas intenções no texto televisivo, Sorlin considera que as palavras na televisão são de importância fundamental, pois, pela sua própria natureza, ela pode ser considerada um meio "tagarela", que se dirige ao espectador o tempo inteiro, demandando sua atenção num ambiente dispersivo. Ao mesmo tempo, o uso que a televisão faz das imagens é distinto do cinema, pois recorre a diversos tipos de representação visual simultaneamente. Sorlin (SORLIN, 2009, p. 50) constata que

> [...] as imagens, sejam pinturas, desenhos, mapas ou fotografias, quase não têm lugar no cinema, sua imobilidade e o tempo que é necessário para bem examiná-los não convém a um meio de expressão cujo movimento permanente é a principal característica. Os livros de História têm ilustrações, mas é raro que elas constituam a arquitetura da obra e entrem em diálogo com o texto; com demasiada freqüência elas são escolhidas de um golpe só por um documentarista que não o autor. Acontece da televisão empregar muito mal suas imagens, quando, por carência de material, ela se eterniza num retrato. Mas quando são inteligentemente distribuídos, desenhos e fotografias têm um real poder

de evocação. As imagens cuidadosamente exploradas oferecem uma gama de informações que não foram nunca verdadeiramente exploradas pelos discursos históricos tradicionais.

A pesquisa histórica se vê, portanto, diante da televisão como meio fundamental que com seu fluxo organiza o modo como a sociedade se representa e representa suas transformações ao longo do tempo. Não seria exagero talvez dizer que sem ela seria impossível analisar as múltiplas temporalidades das sociedades contemporâneas. Assim sendo, parece que um historiador seriamente preocupado com as transformações ocorridas nos últimos 50 anos não poderia dispensar a forma como elas foram representadas pela programação televisiva, dado o seu caráter hegemônico no imaginário social desde então. Depois do cinema, a televisão se consolidou como construtora de mitos, por sua vocação verbo-narrativa, por sua forma característica de usar as imagens não apenas para contar histórias de forma fidedigna ou fantasiosa, mas sobretudo para transformar os episódios e personagens em mitos que se sedimentam no imaginário social numa amplitude jamais vista.

Na relação entre cinema, televisão e vídeo como expressões audiovisuais, existem questões relacionadas ao desenvolvimento técnico e suas implicações sobre a linguagem. Como já observou Jameson, o problema de algumas análises formalistas foi considerar erroneamente que determinadas soluções impostas por "limitações técnicas" do cinema eram na verdade "opções estéticas" dos diretores – premissa que a própria evolução das técnicas audiovisuais (e dos diretores que as utilizavam) acabou por desmentir. A chamada "crítica tecnológica" revela que

> Detalhes que haviam sido interpretados como elementos de uma intenção estética, ou como componentes de um "significado" agora revelam-se "simplesmente" uma exigência técnica, o modo pelo qual uma certa

tomada tinha de ser feita dentro dos limites técnicos do período, ou era obviamente uma segunda opção, uma solução improvisada, ditada pela necessidade de fazer filmagens interiores ou pelas deficiências do filme virgem (JAMESON, 1995, p. 183).

O problema é justamente o julgamento das intenções do autor cinematográfico, pois no campo da recepção é possível reconhecer uma grande variedade de possíveis leituras, do público ou da crítica. A linguagem não é definida, portanto, por si mesma, mas numa relação comunicacional específica. Ou seja, há uma série de fatores que interferem na recepção do audiovisual, e entre eles poderíamos citar os que temos visto até aqui: 1) a maneira como as pessoas "assistem" ou "interagem" com o audiovisual; 2) as convenções sociais que marcam essa experiência como de caráter público ou privado; 3) o caráter contínuo ou fragmentado da exibição, suas fontes de financiamento e formas de difusão; 4) o tipo de discurso audiovisual legitimado por diversos fóruns de debate crítico (este sim levado em conta pela análise formalista).

Se já não há muita discussão em torno da linguagem cinematográfica, o mesmo não ocorre em relação a uma "linguagem televisual" ou "videográfica". O célebre teórico da comunicação Marshall McLuhan, por exemplo, afirmou nos anos 1960 que "o conteúdo da televisão é o cinema" – embora provavelmente estivesse se referindo ao aspecto audiovisual, e não à sua "programação". Para outros, principalmente no Brasil, onde a concessão da exploração comercial da televisão foi concedida a emissoras de rádio, a TV não passava de um "rádio com imagens". O que é enfatizado na televisão, nesse caso, é a sua função social agregadora, como meio de difusão contínua de informações e variedades, estabelecendo um modelo de programação similar à do rádio. Os produtores de televisão

> [...] concebiam os telejornais como relatos essencialmente falados, suplementados, por onde houvesse

possibilidade, de figuras. Não foram apenas o pequeno tamanho da tela e as imagens em preto-e-branco que fizeram da televisão um meio dominado pelo som: originalmente, sua estrutura financeira, sua tecnologia e sua organização repetiam a do rádio. Avanços técnicos posteriores – sistemas perfeitos de telecinagem, maior definição da imagem, cor – acentuaram o caráter visual da televisão, ao passo que a reprodução sonora permaneceu de forma geral inalterada, carecendo durante muito tempo das qualidades do som estéreo e da alta-fidelidade encontrada nos discos (ARMES, 1999, p. 178-179).

Isso era verdade até o início dos anos 1970, pois as emissoras mantinham programas em estúdio, devido à carência de equipamento de produção equipes jornalísticas qualificadas para a produção e transmissão simultânea de imagens externas, etc.

Em primeiro lugar, devemos levar em consideração que a televisão passou a ser registrada em um suporte magnético, o videoteipe, e que esse tipo de suporte impunha outro tipo de manipulação em relação à película cinematográfica. Não se tratava mais de "montagem", mas de "edição" – e a mudança de vocabulário por parte dos profissionais de televisão indicava que, apesar dos objetivos análogos, o "processo era diferente". Entretanto, um processo diferente pode gerar diversos tipos de experimentação, e foi o que acabou ocorrendo com o vídeo. Surgido originalmente para gravar programas e emissões de televisão, o vídeo acabou se tornando produto comercial, tanto através do visionamento de filmes e programas em aparelhos e fitas de videocassete quanto na gravação e edição amadorística que passou a ocorrer já no final dos anos 1980.

Vídeo e videogame: paginação eletrônica e interatividade

Do mesmo modo que os analistas do audiovisual nos anos 1960 não viam diferenças significativas entre a linguagem do cinema e a da televisão, também hoje há quem não considere diferenças significativas entre televisão e vídeo. A linguagem cinematográfica, com seus diferentes planos, movimentos de câmera, formas de composição e edição, foi e continua sendo parte da linguagem da televisão e do vídeo. Mas, segundo Phillipe Dubois (2004, p. 75), a linguagem do vídeo nem sempre coincide inteiramente com a do cinema:

> [...] as imagens em movimento funcionam todas do mesmo modo? A operação de montar planos no cinema é a mesma de editar imagens em vídeo? As questões em jogo são as mesmas em ambos os casos? O espaço *off* videográfico, se ele existe, é do mesmo tipo que o do cinema? O *close,* o olhar da câmera ou a profundidade de campo repousam nos mesmos dados e possuem o mesmo sentido nos dois casos?

Para responder essas questões, o autor revisa os conceitos fundamentais da linguagem cinematográfica (plano, corte, quadro, espaço *off*, campo, montagem, sutura), levando em consideração que elas são perfeitamente executáveis na produção de vídeo. Mas ele observa, entretanto, que o modo discursivo dominante no vídeo não é o da narrativa (ou, pelo menos, o da narrativa ficcional, como é no cinema). "Em vídeo, os modos principais de representação são, de um lado, o modo plástico (a 'videoarte' em suas formas e tendências múltiplas) e, de outro, o documentário (o 'real' – bruto ou não – em todas as suas estratégias de representação)" (DUBOIS, 2004, p. 77). Levando em conta o caráter experimental, o autor identifica na linguagem videográfica um deslocamento de ênfase e de perspectiva em relação ao cinema. O fundamental no processo criativo videográfico seria a "mixagem de imagens" no lugar da "montagem de planos cinematográficos", o que implica colocar a mescla de imagens – e não o corte – como princípio articulador.

A partir dessa ênfase na mescla de imagens diversas no vídeo (comum, aliás, em comerciais, aberturas de programas e, sobretudo, em vários formatos de telejornalismo), Dubois sugere três categorias explicativas de diferentes processos de produção de vídeo: a sobreimpressão, os jogos de janelas e a incrustação das imagens. O primeiro seria referente à sobreposição de duas ou mais imagens que produzem efeito de transparência, como num palimpsesto. Esse tipo de sobreposição permite a "constituição de um espaço liberto da representação da perspectiva clássica", que rompe portanto com a ideia de "janela aberta" ou "quarta parede" que vimos ser fundamental na constituição da visualidade renascentista e também da fotografia e do cinema. Mas há também, no vídeo, um outro tipo de janela, segundo Dubois, que é a justaposição opaca, ou seja, a colagem de um plano sobre outro, concebendo a tela como um espaço capaz de comportar simultaneamente dois planos em movimento (atualmente muitos outros mais). A terceira categoria é a incrustração, o *chroma key*, que consiste em isolar uma determinada "cromância" ou "luminância" para ser transformada em "transparente", uma espécie de "buraco eletrônico" por onde pode ser vista outra imagem em movimento.

Evidentemente que esses efeitos não foram inventados graças ao vídeo, pois desde George Méliès eles eram não só produzidos mas também buscados como reconhece o autor ao chamar a atenção para o procedimento cubista ou dadaísta – embora possamos pensar também em usos similares de mescla de imagens pela vanguarda cinematográfica russa. Talvez o que Dubois queira dizer é que, com o vídeo, a mescla de imagens passou a ser o "modo dominante" da linguagem.

De qualquer forma, a imagem produzida como mescla, com diversos tipos de sobreposição, acaba sofrendo, como consequência desses efeitos, uma alteração qualitativa – aquilo que Dubois (2004, p. 83) chama de "espaço videográfico" em relação ao "espaço diegético" do cinema:

> Na medida em que pressupõem a unidade e a homogeneidade do espaço da imagem a partir de um ponto de vista único, as noções de plano geral, plano americano,

plano aproximado, close-up etc., que organizavam as formas de enquadramento no cinema com base, como se sabe, num modelo eminentemente antropomórfico (em que o corpo humano fornecia a escala de medida), perdem a pertinência nos casos da incrustração e da mescla de imagens em geral.

Como consequência, através desses efeitos a composição da tela do vídeo se aproxima muito mais da diagramação das páginas de uma revista do que da encenação teatral do cinema. Por essa razão, se fala em "paginação eletrônica", e não mais em cena, pois o corpo e o cenário deixam de se unificar em uma continuidade espacial e mantêm sua independência" (DUBOIS, 2004, p. 84). Isso em certo sentido promove um achatamento e uma fragmentação das relações espaciais, sugerindo uma linguagem de caráter mais simbólico do que perceptivo.

Como coroamento dessas considerações, Dubois propõe, para análise desse tipo de audiovisual, a substituição da ideia de "profundidade de campo", proveniente da linguagem cinematográfica, por "espessura da imagem". Isso significa que a imagem do vídeo se estratifica em camadas, cria um "efeito de relevo", pois a mixagem de imagens se dá por sua mistura, e não por sua sequência em cortes. Como resultado, a imagem vista na tela é puro efeito, e seu espaço não corresponde a nenhum equivalente da realidade observável. Isso acaba por subverter a ideia de espaço *off*, aquele que está "fora da tela", fundamental tanto para a noção de plano como para a ideia de continuidade narrativa do cinema. Ao fundir imagens diversas na tela, o espaço *off* perde importância

> [...] em benefício de uma visada mais totalizante: virtualmente, com a multiplicidade das imagens na imagem, é como se o vídeo não cessasse de afirmar sua capacidade de tudo integrar, como se dissesse que tudo está ali, na imagem (sobre a imagem, sob a imagem), não há nada a esperar de um "fora" que já foi incorporado e interiorizado desde o início (DUBOIS, 2004, p. 95).

No limite, em seu simbolismo e seu distanciamento da realidade, a linguagem do vídeo coloca em questão a própria possibilidade de uma narratividade, o que não significa que não possa ser, entretanto, interpretado como artefato cultural pelos historiadores. De resto, em seu uso em televisão e vídeos institucionais, a espessura das imagens, a lógica de "paginação" presente nesse tipo de composição permitem colocar a imagem em relação dinâmica com textos, gráficos e outros tipos de molduras. Em uso informativo, esses efeitos se revelam úteis na organização dos dados, na construção de esquemas carregados de simbolismo e que podem ser úteis para os historiadores e professores.

Em relação às suas características audiovisuais, os videogames não apresentam grandes novidades em relação ao que já foi dito sobre cinema, vídeo e animações – a não ser o fato de que a narrativa dos *games* depende fundamentalmente do jogador. É ele o foco da narrativa, e o desenrolar desta depende de suas escolhas num ambiente que possui suas próprias regras.

Criados nos anos 1970, frutos do desenvolvimento da informática, os videogames se tornariam não apenas brinquedos nos anos 1980, mas também poderosos meios de simulação e aprendizado em diversas áreas, inclusive de história. O *game* mobiliza todos os recursos do cinema-vídeo-animação: é possível escolher diferentes enquadramentos de câmera, "ajustar a visão do personagem" em primeira pessoa (visão de câmera) ou em terceira pessoa (visão do avatar do jogador no cenário), ver o cenário do jogo sob vários pontos de vista, etc.; é possível acessar um "painel de controle", com informações que se sobrepõe à imagem da cena onde se desenrola o jogo; e é possível, igualmente, se comunicar com outro jogador e interagir com ele durante o jogo. Uma música pode acompanhar e dar ritmo às ações do jogo, e não apenas ruídos do ambiente são percebidos, mas até o impacto de golpes e explosões são recebidos através das vibrações do *joystick* ou outros tipos de comando.

A simulação do *game* aponta não só para o audiovisual, mas também para o táctil, buscando criar um tipo de simulação onde mais de dois sentidos da percepção humana são mobilizados. Não nos parece, contudo, que tais experimentos de "realidade virtual" sejam o que há de mais significativo na relação entre os *games*, como audiovisual, e a produção da história, senão um aspecto cada vez mais enfatizado nos jogos: sua narratividade. O papel da narrativa no envolvimento do jogador começou a ganhar importância a partir dos anos 1990, com o desenvolvimento maior da computação gráfica e o surgimento de cenários e avatares mais elaborados. Não raro, são inseridos pequenos "documentários" que auxiliam o jogador a compreender o contexto em que ocorre o jogo, seu papel diante das circunstâncias e o significado de sua missão. Assim, cada "partida" é uma aventura, que vai se desenvolvendo de acordo com as escolhas do jogador, suas ações, seu caminho, a maneira como vai reconhecendo o espaço a seu redor, os desafios que supera e que o levam para outra "fase" do jogo:

> Nos *games*, em vez de ser um mero espectador, o usuário tem diante de si uma narrativa que dependerá dos comandos que ele realizar, das decisões que ele tomar. [...] é preciso enfatizar que um *game* é, sim, um gênero de caráter narrativo: os mundos ficcionais fornecidos por um programa, apresentando-se como cenários exibidos na tela, desempenham a função de *espaço*, no qual são dispostos *personagens* (em alguns simuladores, o próprio usuário pode elaborá-los, assim como os cenários), ou, para usarmos um termo mais apropriado da teoria narrativa, *actantes*. Esses, por sua vez, desempenham uma ação que se desenvolve ao logo de um *tempo*, no qual ocorrem *transformações de estado* ou de situações. Eis, pois, as condições fundamentais e inegáveis da narratividade (BULHÕES, 2009, 73-74).

A produção de um *game* envolve, em certos casos, o mesmo tipo de preocupação de um filme, como o roteiro e a direção de arte. Sua feitura é, contudo, muito mais complexa, pois abarca uma gama praticamente infinita de possibilidades. O roteirista deve pensar em todas as consequências que podem advir dos movimentos do jogador, que a princípio tem o "livre arbítrio" para decidir para onde ir. A direção de arte envolve não apenas a caracterização dos cenários, mas também o figurino, a música e todos os detalhes da ambientação do jogo.

Não há consenso, entretanto, em relação ao caráter narrativo de todos os jogos. Há uma corrente importante, chamada ludologia, que considera que a essência do jogo são suas próprias regras, sua estrutura, e não se dá através da inserção de um herói num contexto histórico. Podemos pensar no tetris, em jogos de quebra-cabeça, e mesmo no xadrez, que dispensam ambientações ou inserções em uma história maior. Para muitos especialistas ligados à ludologia, os *games* se subdividem em diversos gêneros segundo sua interface (jogo de plataforma, de tiro, de tabuleiro, puzzle, universo aberto, etc.). Com a evolução dos *games*, começaram a surgir gêneros híbridos no que se refere à interface: o jogador é colocado "ao longo da história" em diferentes situações onde deve operar em diversas interfaces: dirigir um carro em alta velocidade, escolher uma cidade num mapa, atirar, etc.

Em função do caráter cada vez mais híbrido das interfaces em jogos narrativos, alguns especialistas preferem classificá-los em relação à estrutura narrativa (guerra, policial, terror, faroeste, aventura, etc.).

> Na TV uma nova geração de aparelhos não condiciona, necessariamente, modificações das histórias que conta. Nos games, por outro lado, uma nova geração de consoles ou softwares desenvolvedores pode expandir radicalmente as possibilidades narrativas de seus discursos. É o fato tecnológico sentando à mesa de criação. Desconsiderá-lo ou relegá-lo a simples coadjuvante técnico é desconsiderar a natureza da produção dos games. Se no cinema um novo sistema

de captação e reprodução do som não afeta necessária ou significativamente o roteiro, é bem possível que nos games esse fato vá além da simples *feature*, mas seja aproveitado dentro da história como fator estruturante da narrativa, proporcionando ao jogador *puzzles* construídos a partir das peculiaridades da nova tecnologia (PINHEIRO; BRANCO, 2006, p. 37-38).

Segundo os autores, a narrativa dos *games* é composta portanto de três fatores: gênero narrativo, interface e tecnologia. A tecnologia afeta o *game* porque permite maior acessibilidade e portabilidade, sensorialidade, etc. – modifica a "experiência" dos jogadores e sua "interação" num *game* de "arquitetura aberta", por exemplo.

Não são poucos os *games* com ambientação histórica; aliás, existem grandes sucessos comerciais que fogem do rótulo de "educativos" – tal como acontece também no cinema com os filmes históricos. Contudo, costuma-se discutir até onde vai o mero entretenimento e a partir de onde eles oferecem um potencial real de aprendizado histórico para os jogadores. O desafio está colocado para os historiadores, pois segundo Filipe Pereira e Lynn Alves, ao avaliarem "O papel do historiador no desenvolvimento de um game",

> [...] uma das características primárias dos jogos eletrônicos é tornar o jogador um agente responsável por tudo que acontece (este é, aliás, o grande desafio dos educadores da História: conscientizar os alunos que estes são também agentes históricos, e, por isso, estudar História é estudar a eles mesmos.) (PEREIRA; ALVES, 2009, p. 200).

A reflexão nesse campo surgiu da experiência do grupo Comunidades Virtuais, da Universidade do Estado da Bahia, atuante na criação de um *game* chamado Tríade, que teve como ambientação histórica a Revolução Francesa. Esse desafio colocou em questão o papel do historiador na produção do roteiro e dos textos de apresentação, na construção dos *quests* (desafios), bem como no assessoramento à direção de arte nos cenários, mobiliário e figurino, a partir de uma pesquisa iconográfica e cinematográfica sobre a Revolução Francesa, bem como uma pesquisa *ludográfica* em torno de jogos de estratégia ambientados historicamente.

> O desenvolvimento de uma narrativa histórica em 3D possibilita também recriar determinados ambientes do passado de modo a facilitar a visualização e compreensão do passado, permitindo ao jogador associar o passado e o presente. A princípio, o jogador é desafiado a resolver *quests* que estão relacionadas com os acontecimentos que marcaram esse período histórico de forma lúdica, tendo a possibilidade de escolher entre dois caminhos durante o segundo e último episódio do jogo, ampliando assim, os níveis de interatividade (BEATRIZ; MARTINS; ALVES, 2011, p. 7).

O processo explicativo é interessante ao jogador que se inicia no jogo, faz parte da ambientação e ajuda a preparar o "clima" onde se desenrolará a abertura. Contudo, há jogadores afoitos que se impacientam com muita "enrolação" e desejam partir diretamente para a ação sem muita reflexão. Na verdade, narratologia e ludologia não são apenas correntes interpretativas da produção de *games*, mas apontam para duas posturas diferenciadas de jogador: aquele que quer unicamente testar suas habilidades e aquele que deseja mergulhar numa atmosfera diferente e decifrar o simbolismo desse universo virtual.

Games marcados pela narrativa estão mais próximos dos RPG (jogos de contação de histórias e representação teatral, feitos com o auxílio de livros, tabelas, dados e tabuleiros) do que propriamente dos videogames dos anos 1980. Em sua relação com a literatura ficcional, o teatro e o cinema, acabam colocando novas questões sobre a relação entre história e a narrativa e suas possibilidades interativas nos meios audiovisuais. Se o grande desafio para o historiador é narrar e simultaneamente explicar o sentido daquilo que se narra, o *game* coloca o problema de jogar e aprender o sentido daquilo que se joga dentro de um contexto maior – o contexto histórico do jogo. E para isso é necessário também algum esforço intelectual.

O percurso que fizemos até aqui nos aponta para a maneira como, com a evolução das tecnologias, os audiovisuais passaram a ser opções de lazer, cultura e informação. Tendo inicialmente uma dimensão pública, eles acabaram sendo incorporados aos nossos lares e hoje fazem parte de nosso cotidiano, mediando nossa relação com o mundo. Os aperfeiçoamentos técnicos permitiram o surgimento de novas linguagens, novas formas de compor os signos e produzir significados, e alteraram a recepção das informações ao dar ao espectador o controle sobre o que vê e, cada vez mais, sobre aquilo que deseja ver. Recepção e interatividade passam a redefinir as teorias da comunicação, na medida em que a linguagem, diferentemente daquilo que pensavam os estruturalistas, vem se tornando cada vez mais múltipla e instável.

Além disso, a conectividade e a portabilidade dos sistemas de comunicação têm gerado a capacidade de o usuário não apenas acessar audiovisuais em qualquer lugar, mas também gravar, editar e compartilhar registros em imagem e som de forma quase imediata. Antes, as emissoras de televisão detinham um monopólio quase absoluto sobre a produção e a difusão das imagens, e as únicas formas de compartilhamento entre emissoras era o videoteipe e, a partir dos anos 1970, a transmissão via satélite, mas esta dependia do fornecimento das concessionárias sediadas nos Estados Unidos. Hoje, amadores disponibilizam seus registros imediatos ou gravações das programações televisivas em rede, revolucionando as formas de circulação de informação. O próprio telejornalismo passa a se alimentar dessa profusão de imagens em rede, provenientes do mundo inteiro, pois elas são muitas vezes as únicas imagens dos "acontecimentos" para serem mostradas ao telespectador.

E, às vezes, até mesmo uma determinada imagem ou vídeo disponibilizado em rede e amplamente acessado acaba se tornando o próprio "fato" a ser comentado pelos telejornalistas.

Ao observarmos de forma panorâmica a evolução das técnicas de registro, difusão e recepção dos audiovisuais, percebemos que elas dependem dos padrões culturais de percepção visual e sonora, ao mesmo tempo que os transformam. Limitações técnicas obrigam o uso de criatividade na adequação da linguagem, bem como os aperfeiçoamentos no campo da simulação abrem novas possibilidades de produção de significado. A democratização do acesso aos meios de gravação e difusão, através de interfaces amigáveis e estruturas de comunicação em rede, vem acelerando cada vez mais esses processos. A expressão audiovisual deixa de ser monopólio de técnicos e especialistas na área de comunicação e passa a integrar nosso cotidiano, aprendida com maior ou menor grau de interesse desde a infância. O que permite que historiadores não apenas teorizem a respeito da história dos meios de comunicação e seu papel social, ou tomem registros audiovisuais como fonte para sua análise escrita, mas que eles próprios se utilizem dessas linguagens como forma de expressão do conhecimento histórico.

CAPÍTULO III

A história nos meios audiovisuais: entre a veracidade do registro e o poder evocativo das simulações

Dentro de sua concepção moderna, a palavra "história" envolve um duplo significado: ela pode ser compreendida como o desenrolar das transformações em diversos campos da sociedade, mas também como a narrativa que organiza os diversos eventos que dão sentido a algumas dessas transformações. A história é a maneira como nós imaginamos a trajetória dos seres humanos ao longo do tempo, funcionando como espécie de "memória artificial" da sociedade, que no século XX envolveu no processo de comunicação e elaboração de sentido o legado dos registros audiovisuais. A história é fundamental para a construção de uma identidade (seja ela qual for), pois é a partir dela que refletimos sobre nossa existência no mundo, comparando as situações e os desafios atuais com os de outras épocas e lugares.

O pensamento historiográfico se organiza a partir do conhecimento acumulado por gerações que desenvolveram a pesquisa histórica. Esse exercício envolvia a crítica das fontes, desenvolvida pela escola metódica francesa no século XIX a partir de critérios de "autenticidade", "veracidade" e "procedência", que embora elaborados para avaliação de documentos escritos, são aplicáveis, a princípio, a quaisquer outras fontes. E embora não os métodos da pesquisa histórica não se esgotem na "crítica das fontes", ela é uma etapa fundamental do trabalho do historiador. Marc Ferro, ao tomar o cinema como fonte, realiza a "crítica documental" do filme, envolvendo seu processo de produção, sua "feitura", ou seja, identificação de personagens, locações, direção e roteiro, assim como o impacto de sua exibição na época, o que envolve levantamento de dados "externos" ao filme, fundamentais para os historiadores. Sob o impacto da semiótica, como vimos, tornou-se maior o interesse dos historiadores por compreender ao menos um pouco da "linguagem cinematográfica", para melhor conseguir ler o filme como um "texto" – metáfora bastante utilizada pelos estruturalistas e pós-estruturalistas.

Nos anos 1980, a pesquisa acadêmica em história foi sacudida em relação aos seus fundamentos: a certeza de que a História possuía métodos seguros para descobrir a "toda a verdade" sobre o passado foi solapada. Não se tratava mais de discordâncias em relação aos modelos explicativos do marxismo ou do estruturalismo, mas da dúvida em relação à possibilidade de se encontrar uma "verdade" por trás dos "efeitos produzidos pelo discurso". A questão da narrativa biográfica, permeada de análises, volta à cena, juntamente com a análise do "simbolismo do evento" promovido pelos adeptos da micro-história. É assim que fatos pitorescos e obscuros personagens, tal como o queijeiro Menocchio, emergem do esquecimento dos arquivos pelas mãos de um arguto pesquisador como Carlo Ginzburg, transformando-se em testemunho original na estrutura de crenças e valores de toda uma época. Tal como um fabulista, o historiador conta uma história e lhe mostra seu aspecto exemplar – embora os fatos e análises sejam feitos com maior profundidade e sem as mesmas lições morais presentes nas fábulas.

O "retorno da narrativa" na história trazia um retorno ao gosto por se ouvir "contar histórias". Fora das universidades, a história que se conhece é a história que é contada, desde a infância, na família, na escola, mas também pelo cinema, pela televisão, entre outras mídias. Entre as crianças, contar histórias continua sendo uma das brincadeiras prediletas, e há quem diga que essa capacidade de relatar algo que se viu ou ouviu é o que diferencia o homem dos outros animais, pois expande nossa capacidade de aprender com a experiência de outrem. Na prática da pesquisa história, o retorno da narrativa passou a ser algo também bastante discutido em função dos depoimentos orais disponíveis para o historiador elucidar fatos sobre os quais não restaram muitos outros registros ou jamais se produziu algum registro. Isso levou a questionamentos em relação à maneira como a memória reorganiza os fatos vivenciados e lhes dota de sentido existencial, isto é, demarca a identidade do sujeito.

O retorno da narrativa e sua relação com a linguagem audiovisual

A retomada da afirmação da narratividade na produção de conhecimento histórico ainda não atingiu todos os seus desdobramentos na prática historiográfica. Depois de um século de críticas ao positivismo, os historiadores se acostumaram a se considerar "explicadores" das transformações sociais, mesmo após o desgaste do emprego de conceitos da sociologia marxista para a compreensão do processo histórico. Estava claro que o caminho sociologizante da história havia chegado a um beco sem saída. Questionamentos a respeito da cientificidade das explicações históricas, bem como a afirmação do caráter político-ideológico das formulações historiográficas totalizantes, tiveram eco na comunidade acadêmica. O caráter fragmentário, descontínuo e, por que não dizer, quase artístico do discurso histórico se afirma com o desenvolvimento da "micro-história", em que a escrita vai se definindo como uma composição de argumentos e referenciais teóricos de diversas disciplinas. No lugar do método rigoroso de análise de séries estatísticas, celebrizado pela segunda geração da Escola dos Annales, valeria agora a percepção arguta, a erudição humanista, buscando equacionar as variáveis da condição humana e oferecendo uma explicação original de um aspecto marginal da sociedade a partir dos seus fragmentos.

Na história da literatura, contudo, percebe-se que o gosto por ouvir histórias pode ser satisfeito sem que nelas se veja alguma finalidade educativa ou culturalmente edificante. Desde a invenção da imprensa muitas histórias passaram a circular em livros e a serem comercializadas diariamente pelos jornais e almanaques, tornando-se objeto de consumo e dando viabilidade comercial ao surgimento da "literatura". Com o desenvolvimento das tecnologias audiovisuais, multiplicaram-se as histórias veiculadas através de desenhos animados, filmes de super-heróis, histórias do folclore e da mitologia, que, muitas vezes se misturam. Videogames e outras formas de simulação e interação permitem inclusive "participar" virtualmente dos acontecimentos, onde o "jogador" envolve-se em uma aventura cuja trama é delimitada historicamente. A vida dos soldados na guerra, máquinas do tempo, lendas medievais e o mais variado folclore formam nosso repertório comum, dado pela difusão cultural do audiovisual no século XX. E em certa medida, não seria exagero dizer que hoje são as imagens que governam nossa imaginação histórica, e é com muito esforço que um historiador acadêmico consegue se libertar da força de alguns de seus estereótipos. Até porque muitas vezes é o fascínio das imagens históricas difundidas pela televisão e pelo cinema que leva muitos jovens até hoje a se interessarem pela pesquisa histórica:

> As distribuidoras de vídeo têm nos colégios um mercado importante. E filmes antigos continuamente reprisados na televisão funcionam como uma escola noturna, um grande repositório da consciência histórica em nossos Estados Unidos da Amnésia. Para muita gente, a História hollywoodiana é a única história que existe (CARNES, 2008, p. 9).

O interesse pelo estudo dos audiovisuais – e não apenas pelo cinema – aprofundou-se a partir dos anos 1990 no campo da teoria literária, com o desenvolvimento dos chamados "estudos culturais", que permitiam transformar a música popular, novelas de televisão e outros "subprodutos da indústria cultural" em objetos de análise. Essa abertura também chegou à produção historiográfica, considerada "ampliação de suas fontes". Mas isso se deu justamente enquanto os historiadores saíam em busca de sobrevivência à caça de novos paradigmas; quando a escrita da história passava por um processo de crítica e reelaboração, ela se viu surpreendida ao ser transformada em objeto de análise da teoria literária. Ao escrever a *Meta-história*, Hayden White (1995) questionou não apenas os postulados de cientificidade da história, mas também a ideia de que a narratividade era uma característica positivista a ser superada pela descrição explicativa das grandes séries estatísticas. Em vez de aproveitar o momento de crise para rever suas origens e restabelecer sua identidade, a postura da maioria dos historiadores foi defensiva. Consideraram que a narrativa histórica não poderia ser isolada de seu caráter explicativo e submetida aos mesmos procedimentos de análise aos quais se submete uma "peça de ficção". Em outras palavras, ao aceitar o caráter discursivo, parcial e retórico do conhecimento histórico, os historiadores estariam perdendo o senso de realidade e se entregando a devaneios que nada tinham a ver com a tradição duramente construída pela disciplina: de que o historiador deve se aproximar ao máximo da verdade.

Havia, entretanto, uma outra razão para historiadores considerarem o exercício da simulação histórica, principalmente em sua modalidade audiovisual, incompatível com uma discussão sistematizada do conhecimento histórico. Isso porque, segundo eles, a comunicação audiovisual não possui o mesmo potencial da comunicação escrita. O conhecimento construído pelo audiovisual seria irremediavelmente superficial, pois não consegue superar a dimensão meramente narrativa do fluxo temporal, não atingindo o nível analítico e argumentativo da comunicação escrita. A baixa carga de informação verbal possível de ser viabilizada em um audiovisual não combinaria com as exigências do conhecimento acadêmico. A compreensão do mundo seria fruto de uma atitude reflexiva e distanciada, própria do mundo da escrita, e incompatível com o olhar inquieto e sedento de novidades do espectador diante da tela.

Consideramos, entretanto, que não se deve às especificidades do meio audiovisual o fato de muitos vídeos serem superficiais. Não é do meio audiovisual em si, mas do padrão ao qual o espectador foi condicionado, dos formatos desenvolvidos hegemonicamente, que advém a superficialidade do conteúdo ali comunicado. Ao analisar a "indústria cultural", Adorno e Horkheimer identificavam na televisão a intenção de falar com todos os públicos, o que levava a um "nivelamento da linguagem", realizado a partir do padrão mais baixo: algo que fosse compreensível, digamos, para uma criança um pouco letrada. Nos últimos anos, com maior variedade de produção e programação, há uma maior segmentação de diversos públicos. Isso se deve, sem dúvida, a novas formas de produção e compartilhamento de filmes e vídeos.

O uso de filmes como recurso didático nas escolas aumentou após a difusão do videocassete, surgindo também a preocupação em relação à preparação, por parte do professor, de atividades relacionadas aos seus conteúdos. É sintomático hoje que nas listas de filmes disponíveis na internet voltados para o ensino de história haja a presença maciça de obras de ficção consagradas no cinema e na televisão, as chamadas "reconstituições de época", cuja trama é ambientada em algum momento do passado. As razões desse tipo de preferência são muitas: são filmes mais fáceis de encontrar; atraem a atenção dos alunos, uma vez que fazem uso da narrativa clássica, provocando a identificação através de uma linguagem à qual os alunos já estão acostumados. Quando usados meramente como "entretenimento" e não problematizados em sala de aula, esses filmes fazem a escola (e mesmo a universidade) refém da linguagem audiovisual hegemônica nos meios comerciais.

Acreditamos, entretanto, que é função da escola expor os alunos a outras linguagens audiovisuais, pois a educação audiovisual deve ser entendida como processo de sensibilização e construção de redes de significado social.

Como observava Brecht, não basta criticar a linguagem dominante, é preciso revolucioná-la. Para isso, ele propunha a implosão dos esquemas formais do teatro realista, desmascarando o jogo das ilusões consentidas pelo público. A ideia era revelar as traquitanas que produzem a ilusão no espetáculo teatral e, assim, demolir a "quarta parede" – a parede invisível que separa os espectadores da cena observada –, fazendo o ator interagir verbalmente com o público. Essas ideias, desenvolvidas no início dos anos 1930, foram adaptadas por cineastas, a partir dos anos 1960, que procuraram fazer com que o ator, bem como a câmera, produzisse o mesmo efeito de "distanciamento crítico" preconizado por Brecht. Certamente já havia um cinema "reflexivo", que revela os próprios mecanismos através dos quais as ilusões são produzidas, desde o início do cinema: pensemos em *Um homem com uma câmera,* do russo Dziga Vertov, um filme feito para mostrar um dia de filmagens. A partir dos anos 1960, contudo, a chamada "política da reflexividade" tornou-se uma espécie de engajamento, uma alternativa de esquerda à linguagem dominante produzida por Hollywood (STAM, 2003).

Há ainda aqueles que acreditam que a obrigação de um bom cineasta é revolucionar a linguagem cinematográfica a cada filme que produz – como se esperava dos artistas em cada obra de arte, desde os tempos das vanguardas modernistas, num fenômeno que Canclini (1997) identificou como "tradição da ruptura", termo que pode parecer paradoxal. Essa não seria, talvez, a função da escola, pois esta estaria veiculada ao aprendizado das tradições consagradas, ou seja, à transmissão da experiência das gerações anteriores. Nem todos pensam a escola da mesma forma, é certo, e há concepções revolucionárias (inspiradas em uma teoria social gramsciana) que consideram que a escola deve ter como objetivo a subversão dos valores dominantes (políticos, sociais, culturais ou estéticos). De uma forma ou de outra, ela deve partir dos fundamentos da "visão de mundo" dominante, pois é esta que as crianças aprendem desde a mais tenra infância, através da sua precoce alfabetização audiovisual, que as acostuma com determinado tipo de linguagem. Isso nos leva a avaliar a formação de gêneros audiovisuais a partir das finalidades de sua produção, suas formas de distribuição e viabilização econômica, bem como o impacto que tiveram no imaginário social.

Para a pesquisa histórica, isso implica compreender o papel desempenhado pela crítica e o lugar de cada produção entre as diversas escolas de cinema. Ao teorizar esteticamente sobre os seus filmes, os autores tomavam uma posição política em relação ao seu papel (artístico, educativo e/ou revolucionário), adotando determinada perspectiva histórica. É assim que o audiovisual desempenha diversas funções, às vezes simultâneas: testemunho de sua época, agente provocador de transformações sociais, meio de acesso ao conhecimento histórico e ferramenta de exposição e interpretação do mundo.

Problemas do discurso documental na reconstituição audiovisual do passado

A relação entre representação e verdade, bem como a questão da narratividade, não estão presentes apenas nas origens da escrita da História, mas também nas origens do audiovisual. Por essa razão, houve durante muito tempo uma tentativa de reduzir os gêneros cinematográficos em apenas dois: a ficção e o documentário. Essa dicotomia remonta, inevitavelmente, à obra de Aristóteles e aos fundamentos da *Poética*, onde o autor diferenciava a ficção teatral e a escrita da história.

> A estrutura da poesia épica em versos deve diferenciarse daquela das narrativas históricas; estas mostram não uma ação única, mas um tempo único, e nele se contam todos os fatos acontecidos a uma ou várias pessoas;

e esses fatos ligam-se aos demais de maneira casual. [...] embora ocorridos na mesma época, não tinham a mesma finalidade. De maneira que, às vezes, um fato sucede outro, no tempo, sem que ambos tenham um objetivo único. Quase todos os poetas, porém, cometem esse erro (ARISTÓTELES, 2000, p. 67).

Percebe-se que, para Aristóteles, os historiadores reuniam fatos diversos, muitas vezes pela única razão de terem ocorrido na mesma época, embora não tivessem nenhuma outra correlação entre eles. Talvez por essa razão o pensador grego considerava que a ficção era superior à história, pois, ao ordenar a dinâmica dos fatos em termos de uma sequência de ações – ou seja, numa trama e num desenlace –, ela oferecia melhores condições de reflexão sobre a condição humana:

> O historiador e o poeta não se distinguem por escrever em verso ou em prosa; caso as obras de Heródoto fossem postas em metros, não deixaria de ser história; a diferença é que um relata os acontecimentos que de fato sucederam, enquanto outro fala de coisas que poderiam suceder. E é por esse motivo que a poesia contém mais filosofia e circunspecção do que história; a primeira trata de coisas universais, enquanto a segunda cuida do particular (ARISTÓTELES, 2000, p. 47).

Parafraseando Aristóteles, poderíamos dizer que o historiador e o ficcionista não se distinguem por colaborar na produção de filmes dramáticos ou documentários senão pelo caráter deliberadamente investigatório dos últimos e pelo caráter inventivo dos primeiros. Contudo, a emergência de gêneros híbridos leva à política da reflexividade (capacidade de o filme expor em sua narrativa aspectos da produção fílmica e refletir sobre sua própria produção), e isso passou a ser adotado até mesmo em filmes hollywoodianos – que imagens, afinal, são reais, ou tentam deliberadamente parecer-se com a realidade? E nesse sentido, um filme, assim como um texto historiográfico, pode assumir diferentes tons em relação ao assunto abordado, mobilizar formas diversas de elaboração de enredo e assim produzir seus "efeitos de verdade".

Poderíamos propor, tal como fez Hayden White, uma definição dos filmes não a partir do material com o qual trabalham (se são "fragmentos do real" ou meramente "simulações"), e sim pelo modo de articulação de enredo. Ao considerar a escrita da história no século XIX como portadora de uma dimensão narrativa inerente ao ofício do historiador desde os primórdios, Hayden White foi além dos dois gêneros de teatro grego apontados por Aristóteles (tragédia e comédia), acrescentando a sátira e o romanesco, herdeiros do teatro romano e da literatura medieval. A sátira, como ironia, pode ser vista como denúncia da trapaça social. Já o romanesco, embora com origens antigas na epopeia, realiza uma combinação de outros gêneros, em forma de prosa – semelhante, nesse sentido, à escrita do conto e da história.

Essas estruturas de elaboração de enredo, segundo Hayden White, é que são mobilizadas quando se coloca a história sob forma narrativa. Mas cabe ressaltar que, ao desconstruir a escrita da história, o autor da *Meta-história* considera que o "modo de elaboração de enredo" é apenas uma de suas dimensões. Entre os historiadores e os filósofos da história que ele analisa, identifica-se também uma preocupação analítico-explicativa na escrita, que confere significado aos fatos e os relaciona a uma estrutura causal. A tarefa do historiador se desdobra, portanto, entre "narrar" e "explicar", em expor a dinâmica dos fatos e conferir a eles um nexo de causalidade que permita compreendê-los em uma estrutura mais ampla de seu contexto e desdobramentos. Assim, ele identificou o caráter épico da narrativa de Michelet sobre a Revolução Francesa, o caráter trágico na obra de Marx ao discorrer sobre o desenvolvimento do capitalismo, caracterizando como cômica a resolução de conflitos em prol do interesse nacional em Ranke, e percebendo uma visão satírica do Renascimento em Burckhardt. Todas são obras de historiadores do século

XIX, nas quais o narrar e o explicar são marcados não só por um posicionamento político, mas também pela analogia do processo histórico com a produção artística, o desenvolvimento orgânico, a engenharia e a tecelagem. A obra de Hayden White nos ajuda a pensar a construção da narrativa histórica em comparação com os estilos literários, pois, na ordem de encadeamento dos fatos e na consequente elaboração das relações de causalidade, já está presente o efeito explicativo: uma caracterização dos personagens envolvidos, uma visão das estratégias em jogo, o papel do acaso modificando as condições de disputa, etc. Tudo isso forma uma estrutura de sentido que estabelece, um tanto quanto arbitrariamente, a origem e o desfecho de um processo, já trazendo embutido seu significado romanesco, trágico, cômico ou satírico. Se na ficção cinematográfica a crítica estabelece uma divisão de gêneros definida pelo estilo da narrativa (drama, comédia, aventura, suspense, etc.), no gênero dos documentários ela estabelece uma divisão por temas: documentário histórico, geográfico, científico, político, etc. Como se o próprio documentário não adotasse uma tônica de caráter épico ao enfatizar o caráter heroico de uma luta, trágico ao denunciar injustiças, de suspense ao revelar os passos de uma investigação, cômico ao representar o aspecto ridículo de determinadas negociações, ou representando de forma satírica os absurdos presentes em dada realidade.

Alcides Freire Ramos aborda algo em torno das implicações do gênero utilizado, a partir das relações entre ficção e documentário desenvolvidas por Pierre Sorlin em *A História nos filmes: interpretação do passado* (1984), observando que

> Um *filme histórico* pode conter dados retirados dos documentos (não-ficção = história) e, de acordo com o exemplo oferecido por ele, imagens criadas pela imaginação dos atores (ficção = não-história). Ocorre porém que os recursos ficcionais (por exemplo, um ator *interpretando comicamente* uma personagem histórica

que a tradição historiográfica consagrou como *trágica*) podem também ser considerados históricos, se isso tiver algum desdobramento político, tendo em vista o momento da produção/exibição do filme em questão. Por outro lado, mesmo que determinado filme faça referência a documentos, isto por si só não quer dizer que aí exista história *tout court*. Há, na verdade, a tentativa de produção de um *efeito de verdade/realidade*. Ademais, se, por exemplo, houver um recorte (ou justaposição) de tal tipo que, ao final, o que o documento nos diz seja introduzido num contexto que originalmente não era o seu, o resultado pode ser não-histórico (ficcional) e, ao mesmo tempo, histórico, se isto for o produto de uma *escolha* que tenha repercussões políticas, à luz do momento de sua produção/exibição (RAMOS, 2001, p. 42).

Fica evidente que, na construção de sentido, as categorias de gênero narrativo muitas vezes se sobrepõem à dicotomia ficção/documentário. Ao combinar imagens, narração, trilhas sonoras e depoimentos, fica estabelecido um encadeamento de argumentos dentro de um fluxo temporal contínuo, marcado por um ritmo e uma tonalidade característicos. Nesse sentido, poderíamos considerar vários documentários de Michael Moore, por exemplo, como "sátira política", devido ao tom irônico usado pelo apresentador-diretor, dando um tratamento leve e bem-humorado a temas políticos e sociais muitas vezes delicados. Por isso, apesar do seu caráter de denúncia, a linguagem adotada por Michael Moore não escorrega para a indignação raivosa ou para a exploração melodramática dos assuntos abordados – tonalidades igualmente recorrentes nesse tipo de temática.

A discussão entre os historiadores, desde os primórdios do cinema, era em relação ao que era exibido diante da câmera: se são "flagrantes", que registram as ações humanas sem o conhecimento daqueles que as produzem; ou se se trata de "simulações", situações encenadas diante da câmera. A natureza representacional das imagens envolve, no segundo caso, dois ou mais níveis: o nível da representação como cópia fílmica; o nível da representação como teatro, encenação; o nível simbólico, na medida em que as situações representadas adquirem outro significado, para além do "naturalismo" com que são dramatizadas. De qualquer forma, o que está em questão, no audiovisual, é a produção de uma narrativa, a "exposição" de um argumento, de um processo histórico, de uma biografia, etc. A maneira como as imagens organizadas em sequência e acompanhadas dos sons produzidos diante da câmera, bem como de música, sonoplastia ou comentários em *off*, vai adquirindo sentido, tornando-se uma cópia mais ou menos fiel da "realidade".

A diferenciação de gênero entre ficção e documentário que se instituiu, desde os primórdios do cinema, está colocada não apenas em relação à linguagem empregada nos filmes, mas sobretudo em relação *àquilo* que se filma, à natureza espontânea ou simulada das situações capturadas pela câmera. Diferenciando-se a natureza do testemunho e o modo como ele opera produções de sentido, o que importa compreender é o discurso do filme, como ele mobiliza diversos elementos sonoros e imagéticos em torno da construção de uma mensagem.

A gênese da dicotomia ficção-documentário no audiovisual foi normalmente apontada nos primórdios do cinema, tendo os irmãos Lumière como os primeiros documentaristas e o mágico Georges Méliès como introdutor da ficção teatral e da narrativa fantástica, aproveitando as potencialidades dos efeitos de montagem. A diferença fundamental entre ambos, entretanto, é que Lumière gostava de filmar em céu aberto, enquanto Méliès preferia os cenários teatrais, truques e indumentárias artificiais. O "pai do cinema narrativo" teria demonstrado o potencial do cinema para contar histórias. Seus quadros, ainda bastante estáticos, reproduziam diante da câmera as cenas representadas nos palcos teatrais, esquetes de revista, truques de mágicos, acrobatas de circo e dançarinas de cancã. Assumiu o cinema como arte ilusionista e apostou no potencial que o novo meio apresentava para o divertimento popular.

O mesmo poderia ser dito sobre o documentário: não há produção audiovisual que se aproxime mais da prática de pesquisa do historiador e da forma como ele organiza seus argumentos. O fato de o documentário, pelo menos na forma que John Grierson tornou clássico, ter apostado na capacidade educativa do meio cinematográfico repousava no caráter fortemente verbal de sua narrativa, conduzida por uma voz em *off*, que orienta nossa compreensão do assunto e interpreta as imagens que são exibidas na tela aos expectadores. Dessa forma, era possível mostrar diversos aspectos de organização da sociedade, as formas de trabalho, sua transformação da natureza, o funcionamento das tecnologias e dos meios de comunicação, experiências físicas e observação de fenômenos naturais, análises biológicas, características geográficas de diversos lugares do mundo, etc. Através do filme, era possível viajar pelos mais distantes lugares, conhecer culturas exóticas, entrar nos mais modernos laboratórios de pesquisa, conhecer em detalhes as mais diversas formas de trabalho social.

A estrutura "clássica" expositiva de documentário se aproxima muito daquilo que Rosenstone chama "uma aula profusamente ilustrada". Amir Labaki, organizador do festival "É tudo verdade!", inspirado no título de um documentário inacabado de Orson Welles rodado no Brasil (algo irônico, se pensarmos na obsessão deste diretor pela fraude ao longo de sua vida), assim define o gênero:

> O documentário se distingue da ficção porque é uma espécie de pacto, de acordo, de "carta de intenções" que o cineasta assina com *nós,* espectadores, e com seus personagens. Documentário é aquilo que o seu autor inscreve como um documentário. Durante muito tempo as pessoas acharam que documentário era um gênero didático, chato, em que você ia praticamente assistir a uma "aula audiovisual". Muitas vezes o

documentarista era quase como um "pregador". A idéia era de que o documentarista estava lá fazendo lições, ou sermões, ou uma coisa assim. Ele não é um artista; porque se ele for um artista, aí ele não é neutro. Se ele não é neutro, ele não está falando a verdade, então ele está mentindo. Se ele está mentindo, isso não é um documentário. É esse o raciocínio maléfico, corrupto que existia na recepção do documentário, não na sua produção (CARUSO; POPPOVIC, 2010).

O documentário educativo nunca se tornou gênero hegemônico no cinema mundial, dependia de subvenção estatal e teve um alcance escolar muito limitado. Realizar um produto audiovisual educativo que não seja "tedioso" ou "maçante" é algo que já preocupava os primeiros documentaristas da história. Desde o surgimento do chamado "cinema educativo" na Inglaterra, através do General Post Office (GPO) Film Unit, tornou-se responsabilidade do Estado, no interesse público, financiar a produção de documentários. Infelizmente, apesar dos méritos de algumas produções em registrar aspectos da vida humana hoje bastante interessantes, a maioria não alcançava o "tratamento criativo da realidade" pregado por Grierson, tornando-se para os espectadores uma experiência intoleravelmente maçante, incapaz de gerar renda através da cobrança de ingresso nos cinemas.

No Brasil, desde a criação do Instituto Nacional do Cinema Educativo (INCE), em 1936, sob a direção de Roquette-Pinto, surgiram as primeiras propostas de ensino de história através do cinema. Para produção de documentários educativos de história, eram necessários material iconográfico, especialistas e recriações de cenários e personagens de época, destacando-se as produções de Humberto Mauro, como *O descobrimento do Brasil* (1937) e o documentário *Os bandeirantes* (1940), ambos tendo como assessor Afonso de Taunay, diretor do Museu do Ipiranga (MORETTIN, 1998). Mas é difícil avaliar o impacto do INCE nas escolas brasileiras e no ensino de história. Poucas eram as instituições que dispunham de projetores, e a maioria das escolas cadastradas ficava no Rio de Janeiro (CARVALHAL, 2009). O chamado gênero documentário acabou se diversificando muito, desenvolvendo diferentes técnicas de edição, de uso criativo das imagens, de diferentes estratégias narrativas. Isso coloca a questão: se é possível aprender com as imagens, que tipo de história é possível aprender?

Segundo Robert Rosenstone, o documentário histórico

> [...] "constitui" os fatos selecionando os vestígios do passado e envolvendo-os em uma narrativa. Como a história escrita, o documentário ignora a ficção geral – que diz que o passado pode ser integralmente contado em um enredo com começo, meio e fim. [...] Ele também às vezes usa imagens que são aproximações mais do que realidades literais (uma paisagem hoje no lugar da mesma paisagem em algum momento do passado, imagens genéricas de soldados no lugar de imagens específicas), ocasionalmente dramatiza cenas e regularmente cria uma estrutura que adapta o material às convenções de um filme dramático, um enredo que começa com certos problemas, questões e/ou características, desenvolve suas complicações ao longo do tempo e as resolve no final do filme (ROSENSTONE, 2010, p. 110).

Há, portanto, um componente ficcional incontornável na produção de um documentário, pois ele faz com que pessoas que nunca se encontraram estabeleçam um "diálogo", que imagens sejam inseridas em suas falas como "lembranças", sem repetirmos aqui os problemas da dramatização de episódios passados, do uso de música de fundo em imagens que não foram capturadas com música e que confere a elas uma conotação muitas vezes diferente da que foi pensada no momento de seu registro. Um documentário, numa definição extremamente cínica em relação a ele, não passaria de um mosaico de fragmentos descontextualizados, arranjados numa ordem, num ritmo e num tom estabelecido unicamente pela vontade do documentarista. Mas a própria história escrita não seria também algo semelhante?

Bill Nichols, como teórico do cinema documentário, propõe outra categorização do que poderíamos chamar "subgêneros" documentários. Essa tipologia não parte do "tom" ou do "esquema" da estrutura narrativa, mas sim do que poderíamos chamar o "posicionamento" do autor diante da "situação documentária", dos recursos propriamente cinematográficos mobilizados para a produção de sentido, o grau de "intervenção" realizado sobre a realidade "capturada". Diferentes modos são apresentados em seu livro *Representing Reality:* o modo expositivo, o observacional, o interativo e o reflexivo, os quatro "principais", aos quais ele agrega ainda o poético e o performativo.

O primeiro modelo, o mais clássico, seria o expositivo: uma voz em *off* (também chamada sintomaticamente de "voz de Deus") conduz a "narração". É o texto articulador, a voz do autor – embora não literal. A voz autoral pode, nesse sentido, ser interpretada não apenas como a do responsável pela criação, pela forma como a história é amarrada, mas também como voz autorizada, aquele que fala com autoridade porque conhece o assunto. A rigor, é a voz do modo expositivo – que como uma aula expositiva é conduzida por um "professor" – que explica as imagens que vão desfilando na tela (muitas vezes sem aparecer, ou seja, "fora do campo" de visão). Muitas vezes uma trilha sonora acompanha as imagens, determinando o ritmo da montagem e, principalmente, acrescentando peso ou leveza à narração, de acordo com o sentido que se quer produzir.

Com o surgimento de equipamentos de filmagem portáteis, sobretudo os mais leves, surgiu a possibilidade de se realizar documentários observacionais e interativos: ir aos lugares onde as coisas acontecem ou aconteceram, buscar testemunhas que tenham vivenciado a época, bem como historiadores especialistas na área. A "intervenção" do cineasta ou da equipe de filmagem nem sempre é evidenciada nesse processo, e é o que diferencia o modo "observacional" do "interativo" – muitas vezes preferido na apresentação de reportagens e programas televisivos, onde a figura de um apresentador-jornalista aparece *in loco*, coloca as questões aos entrevistados e tira suas conclusões, mostrando os passos de um processo investigativo.

Ao analisar um documentário produzido sobre a Guerra Civil Espanhola pela Granada Television, Rosenstone observa que "por meio de entrevistas com jornalistas estrangeiros, ministros do governo, líderes nacionalistas e operários e camponeses da época, temos uma perspectiva múltipla e às vezes contraditória acerca da questão" (2010, p. 118). A questão da verdade, entretanto, é relativa, pois, como observa o autor, um dos episódios narrados "parece ser uma daquelas lendas urbanas que ganham o status de fato – e, mais uma vez, a narração [do documentarista] parece concordar" (p. 118). Usar depoimentos não implica, necessariamente, o uso de uma "voz autorizada" – o que se chama comumente "voz em *off*" ou "voz de Deus" – que representa a intervenção do autor na compreensão e análise do que está sendo mostrado, característica do "documentário expositivo".

Ao abordar a produção *The Good Fight* (1984), para o qual Rosenstone colaborou diretamente, escrevendo o texto da narração da voz de Deus que estabelece o fio condutor do documentário, ele coloca as limitações analíticas e éticas em relação ao uso dos depoimentos na produção de sentido para a história. A "apresentação" feita pela "voz em *off*", ele justifica, foi feita para compensar uma dificuldade no estabelecimento da narrativa do filme. Na ideia original, o documentário seria completamente "amarrado" através do encadeamento de fragmentos de entrevistas, o que acabou não sendo viável, pois os depoimentos das entrevistas não se completavam. Eram 11 entrevistados que representavam uma grande diversidade cultural, étnica e social do batalhão de voluntários norte-americanos na Guerra Civil Espanhola, mas que pode levar o espectador a ter uma visão distorcida da proporção e representatividade de cada grupo de voluntários norte-americanos no interior da Brigada Lincoln.

Em relação aos limites analíticos, Rosenstone observa que, nos documentários, "o que não é dito é igualmente significativo", e a ausência de críticas à atitude do Partido Comunista nessas entrevistas foi reveladora (p. 124). O filme queria ser uma "homenagem" aos heróis da *boa luta*, evitando lançar qualquer tipo de sombra ou dúvida em relação à positividade da atitude antifascista na Espanha, evitando revelar seus conflitos internos. Os depoentes se autodefiniam como "políticos" – um eufemismo utilizado pelos comunistas para fugirem do estigma de "antiamericanismo" durante os anos do macartismo.

Não sabemos como essas entrevistas foram conduzidas, pois Rosenstone nada comenta – talvez porque não tenha participado delas. Imaginamos uma grande empatia entre os produtores e os entrevistados, que conseguiram criar uma relação de confiança, conduzindo a conversa de forma descontraída, sensíveis às emoções produzidas pelas recordações, etc. Não sabemos se, nas entrevistas, houve exibição de fotografias, músicas e outros artefatos como suportes evocadores da memória. Cremos que essas são questões metodológicas que poderiam ser apresentadas e discutidas em notas de rodapé, mas que são difíceis de serem viabilizadas num videodocumentário – a não ser como "extras". Afinal, as entrevistas fazem parte do ofício do historiador (desde o tempo de Heródoto), e documentaristas com formação em Comunicação e Cinema dificilmente estão preparados para encaminhá-las de modo adequado. Na medida em que os historiadores entram nesse campo e passam a intervir, surge a questão: essa intervenção deve ser explorada – no caso, registrada e exibida igualmente na versão final?

É o que propõe o audiovisual interativo, que vai além da postura "distanciada" do objeto adotada pelo documentário "observacional", que esconde qualquer traço da presença de uma equipe de filmagens no momento da entrevista. A opacidade, presente por exemplo nos documentários de Eduardo

Coutinho, é segundo Ismail Xavier (2005) característica de uma produção que não se preocupa em omitir sequer a presença do microfone e do técnico de som diante do entrevistado, muito menos a figura do entrevistador, que coloca questões, provoca, intervém. Essa intervenção, observa Jean-Claude Bernardet, ocorreu no filme *Cabra marcado para morrer* (1984), na verdade um filme sobre um filme realizado 20 anos antes. "O autor existia sim, mas sempre oculto, transparente veículo da realidade e da mensagem. O autor tornar-se a mediação explícita entre o real e o espectador, o autor expor-se com sua própria temática de realizador do cinema, isso indica uma personalização do espetáculo e das relações com o público a qual contradiz a postura ideológica e estética do *Cabra/64*" (BERNARDET, 2003, p. 233). Originalmente, a produção de *Cabra marcado para morrer*, em 1964, carregava características de um "documentário performático", pois Elisabeth, a esposa do líder camponês assassinado, interpretava seu próprio papel na reconstituição dos fatos. Essa estratégia, que demanda às pessoas que participaram de um ato o encenem diante das câmeras, é inspirado em certo sentido pelo neorrealismo italiano, como observa Bernardet (2003), talvez o primeiro gênero a se preocupar com a criação de um universo de autenticidade, mobilizando atores amadores para representar seus próprios papéis sociais em uma realidade histórica recente.

O documentário "reflexivo", como vimos, busca deixar expostos os mecanismos pelos quais o cinema opera seu processo de significação. Na concepção do documentarista brasileiro João Moreira Salles[1], "o documentário nunca é sobre alguma coisa. O documentário é sempre sobre ele mesmo". Ou seja, o documentário registra a experiência de uma equipe e a aventura que ela documenta. Ao mesmo tempo, reflete sobre a própria feitura do documentário, sobre o que é visto e sobre a maneira como mobiliza os sentimentos e produz efeitos. Em

---

[1] Entrevista à TV Câmera. www.youtube.com/watch?v=J6cjVR_tTxc

seu documentário *Santiago* (2007), Moreira Salles reflete sobre o material fílmico produzido por ele sobre o mordomo da casa dos seus pais em 1992 e sobre sua incapacidade de conduzir entre eles uma relação de cumplicidade. Quinze anos depois, uma voz em *off* narra o texto do diretor do filme, que em tom autocrítico avalia as causas de seu projeto fracassado.

Levando em conta que o texto acadêmico ainda é marcado pela tentativa de "objetividade", evitando o uso da primeira pessoa, compreende-se igualmente que historiadores envolvidos na produção audiovisual evitem aparecer diante das câmeras – a não ser na condição de especialistas ou depoentes. A "transparência" do meio, nesse sentido, é vista como o equivalente cinematográfico para a "escrita objetiva" hegemônica no mundo acadêmico. Entretanto, no documentário interativo, o depoimento deixa de ser algo considerado um "dado objetivo" e passa a ser algo "provocado", testemunho ao mesmo tempo de uma evocação da memória mas também de sua elaboração improvisada diante da situação imediata, ativada pela ação do equipamento de gravação colocado em funcionamento diante do entrevistado.

Isso nos leva imediatamente a refletir sobre as primeiras tentativas de utilizar a produção audiovisual no campo da história no meio acadêmico. Ao longo da minha experiência de quatro anos à frente da disciplina de Prática Curricular em Imagem e Som no curso de História da UDESC, tenho percebido que a maioria dos alunos tende, ao menos inicialmente, para a produção de videodocumentários de caráter "expositivo", evitando aparecer diante das câmeras ou revelar os mecanismos pelos quais se produz o documentário. O caráter didático deles, voltados para o auxílio a professores do ensino fundamental, a princípio justificaria isso: trabalhar com uma linguagem consagrada, com a qual os estudantes estariam familiarizados. Ao mesmo tempo, o padrão nesse caso seria "sério" – ou seja, marcado por uma descrição objetiva da realidade, em que a trajetória da pesquisa levou à produção do texto de apresentação. As perguntas formuladas para a entrevista de diferentes depoentes e inclusive o processo de edição das imagens são, em geral, ocultados.

O que acontece, entretanto, quando se obtém a produção de efeitos satíricos através do contraste entre texto e imagem de forma deliberada? A experiência de alguns alunos tem demonstrado que esse recurso pode ser bastante eficaz no envolvimento e na identificação do público juvenil. Evidentemente, há uma relação de anacronismo entre texto e imagem, mas esse anacronismo, quando deliberado, não provoca o efeito do engano – ao menos quando o público tem referências suficientes para entender que as imagens não estabelecem uma relação "realista" com o texto, e sim uma relação metafórica. Por essa razão estudantes de História optaram por utilizar o vídeo de um jogo entre Portugal e Espanha na Copa do Mundo de 2010 para abordar as disputas de fronteira entre portugueses e espanhóis no século XVIII, mais especificamente na Ilha de Santa Catarina. Um gol espanhol anulado por impedimento foi usado para simbolizar o rompimento da linha do Tratado de Tordesilhas. Os alunos da 7ª série do ensino fundamental de uma escola da rede municipal de Florianópolis evidentemente reconheceram jogadores famosos e perceberam que a imagem foi usada de forma descontextualizada para representar por analogia o processo histórico.

Podemos analisar o documentário como um texto, uma sequência de fragmentos de outros diversos textos, como manifestos, pinturas, cenas dramáticas, fotografias e filmagens. Essas imagens podem ser articuladas num documentário, reportagem ou em outros modos expositivos de ideias e conceitos, através da apresentação-narração, como "voz autorizada" que os costura e através de argumentos lhes confere sentido e coerência, herdeira da "função professoral" original, do "comunicador-pregador". Ou então esses fragmentos podem ser arranjados em torno de determinada trama que se oferece na tela, com personagens, diálogos e situações, unidas por um processo de edição nem sempre percebido.

A narrativa audiovisual, sobretudo no formato televisivo, produziu uma nova maneira de se veicular conhecimento histórico que raramente agrada a comunidade acadêmica dos historiadores. Mesmo reportagens de telejornal e programas educativos são considerados demasiadamente superficiais, pois é o ritmo do fluxo intermitente das imagens que dita a rapidez das informações e explicações veiculadas. Pierre Sorlin, ao analisar a linguagem "peremptória" do noticiário de televisão, explica esses problemas: "Os historiadores se sentem embaraçados diante de emissões que não indicam suas fontes e traçam em algumas frases definitivas questões a respeito das quais seriam necessários mais nuances" (SORLIN, 2009, p. 42). De qualquer maneira, ele pondera:

> A discussão é vã: a história televisionada é o que é. Ela tem atrás de si um passado já longo e ela prossegue sobre seu ímpeto. No lugar da narração contínua de livros e filmes, ela oferece uma informação feita de segmentos sumariamente comunicados uns aos outros. [...] A história televisual mergulha *no interior* do evento, ela é o avanço de exploração que privilegia a variedade, o estilhaçar dos pontos de vista, as múltiplas facetas da memória em relação com a coerência explicativa (SORLIN, 2009, p. 51, grifo do autor).

O mesmo problema pode ocorrer em determinados documentários cinematográficos – sobretudo na medida em que vários cineastas passam a se dedicar ao telejornalismo para sobreviver, como ocorreu no Brasil dos anos 1970 (PALHA, 2009). Em seu livro *Cineastas e imagens do povo* (2003), Jean-Claude Bernardet vai muito além ao discutir o uso de imagens de arquivo e suas limitações, o caráter das entrevistas, a escolha dos personagens e o papel dos intelectuais na condução do argumento. Ao investir as imagens de sentido através do discurso verbal, aquilo que é visto ou expresso nas entrevistas pode ser ressignificado, chegando mesmo a algumas situações paradoxais, onde a imagem utilizada para "ilustrar" determinado texto acaba por contradizê-lo, ainda que sutilmente. O mesmo pode ser dito em relação às entrevistas, onde o entrevistado não fala exatamente aquilo que era o esperado ou desejado, mas que pode ser ressignificado de acordo com o lugar de seu depoimento no processo de montagem ou na maneira como o "narrador" relativiza o testemunho.

A condução narrativa é mais reticente em relação ao documentário poético, como é chamado por Bill Nichols. Este direciona muito pouco a interpretação das imagens, fazendo muitas vezes apenas uma sincronização entre o seu ritmo e a música que as acompanha, manipulando efeitos cujo significado passa a ser bastante subjetivo. Normalmente, o público acaba buscando maiores informações sobre a natureza das imagens veiculadas para tentar compreender melhor o sentido do fluxo proposto, ainda que a proposta do diretor seja o da pura fruição, como se buscasse uma experiência artística de reflexão, através de uma obra que deixa a interpretação em aberto e exige do espectador um processo de elaboração de sentido. O documentário poético documenta, mas evita explicar. Somente expõe as imagens, um fundo musical, e cada um que tire suas próprias conclusões.

Como se pode observar, existem diferentes maneiras de se estabelecer uma tipologia dos documentários: pelo tom geral da narrativa (épico, trágico, cômico, satírico, suspense, etc.) ou pelo modo de se relacionar com as imagens retratadas na tela (expositivo, observacional, interativo, reflexivo, etc.). Em qualquer uma delas, devemos relativizar a "verdade" daquilo que é mostrado, na medida em que a utilização de trilha sonora, presente em quase todos os documentários, bem como os processos de edição onde se "organiza" o fluxo das imagens determinam uma forma de narrativa que sempre será um "argumento", ainda que sua interpretação possa ser a mais aberta possível.

A ambientação histórica nos dramas cinematográficos: memória e anacronismo

Pode não ser coincidência o fato de que, quando se fala em um "filme", no senso comum aplicado ao termo, venha à mente uma produção de cinema, normalmente uma narrativa clássica, ou seja, um drama que conta uma história. Um filme é, nesse sentido, uma "narrativa com imagens", em que a câmera faria o papel do narrador onipresente da literatura: aquele que vê tudo, que tudo sabe, ou que, se não sabe, ao menos descobrirá tudo o que aconteceu no final da obra. A transposição do código literário ao cinematográfico não foi casual, mas pensada para produzir efeitos sobre os espectadores através de mecanismos eficazes de identificação com o personagem, fundamental para o envolvimento emocional com a trama.

Se a linguagem audiovisual formou-se, como vimos anteriormente, através dos tempos, sua viabilidade comercial só se fez sentir a partir do momento em que passou a atender às demandas de um público crescente, potencialmente universal. Para isso, a indústria do cinema partiu das formas de produção e comercialização da cultura já existentes: a grande imprensa, as grandes companhias de ópera e teatro, o comércio dos romances literários, etc. Estas já eram produtos culturais bem-estabelecidos quando do surgimento das modernas tecnologias de produção audiovisual. Em certa medida, condicionaram o surgimento, nos Estados Unidos, da chamada "decupagem clássica", que marca a linguagem do cinema narrativo, celebrizada em Hollywood. Inspirado no romance e no teatro naturalista, o cinema hollywoodiano conta uma história através da identificação do público com um personagem, um herói, entre as aventuras amorosas e uma situação de conflito com valores e exigências sociais.

A questão da "narrativa clássica" não é apenas do conteúdo, mas sobretudo da forma como se produz o efeito de identificação do público, que define seu envolvimento com uma trama individual. Se na literatura isso se dá pelo processo de narração, pelo posicionamento do narrador que estimula com palavras a imaginação do leitor, no cinema é a câmera que conduz o olhar do espectador, oferecendo diversos pontos de vista que permitem a ele constituir o cenário e o ritmo das ações dos personagens. Para orientar a atenção e a identificação do público, foram se desenvolvendo diversas técnicas de enquadramento, montagem de união entre as tomadas (o chamado *raccord*), relações de campo/contracampo através dos olhares (o que vê, o que é visto), soluções que acabam por gerar o chamado "efeito de continuidade" não apenas entre ações consecutivas, mas também entre diferentes episódios da história – aquilo que Jean-Pierre Oudart chamou de "sutura", uma espécie de "costura invisível" que dá o efeito de continuidade narrativa entre diversos planos.

Como já observamos, a linguagem do cinema hollywoodiano é o oposto do projeto brechtiano – e o fato de Bertolt Brecht ter trabalhado em Hollywood após a ascensão do nazismo na Alemanha chega a ser algo irônico. Afinal, o objetivo do "distanciamento crítico" seria lembrar o público, a todo o instante, de que a história que está sendo exibida é uma simulação, que seu valor é eminentemente reflexivo. Ela demanda dos espectadores uma postura crítica e uma tomada de posição política em relação aos dilemas que estão sendo representados – dilemas reais, que estão sendo encenados no palco a título de exemplo, mas que tem como objetivo provocar a mudança de postura do público, sacudi-lo do conforto onírico a que se abandonam em suas poltronas e levá-los à mudança de comportamento.

Entretanto, não foi essa a forma com que a história foi mais explorada no cinema – e, tampouco, na televisão. A possibilidade de dramatizar aspectos históricos, reconstituir cenários, caracterizar personagens e despertar no público a ilusão de estar testemunhando fatos ocorridos em outras épocas e lugares tornou-se um filão importante da produção cinematográfica mundial. Desde que David Griffith lançou *O nascimento de uma nação* (1915), representando de forma romanceada a Guerra Civil americana (1860-1864), revelou-se o potencial desse tipo de produção. Surgia o chamado "filme histórico", ambientado no passado e com estilo épico (VANOYE; GOLIOT-LÉTÉ, 1994, p. 25).

Uma das críticas mais contundentes ao projeto de realizar "filmes de época" veio de Sigmund Kracauer, primeiro teórico a analisar a história da ascensão do nazismo na Alemanha através a psicologia dos filmes expressionistas alemães dos anos 1920. Em suas reflexões, publicadas em *Teoria do filme* (1960), ele observa que os filmes históricos "inibem a noção de finitude porque o passado histórico que eles pretendem ressuscitar já não existe mais" (KRACAUER, 1997, p. 77, tradução nossa). As tentativas de reconstituir uma época seriam, nesse sentido, mal-adaptadas ao novo meio cuja vocação seria testemunhar sua própria época, registrar as transformações sociais em curso, e não realizar uma artificial recriação nostálgica de uma época que não mais existe. Isso não só porque os cenários e figurinos tornariam o ambiente impraticável para o ator, sentindo-se ridículo e desconfortável com tanta artificialidade, mas porque, ele considerava, o espectador não enxergava diante de si os personagens históricos, e sim atores fantasiados. Como se não fosse o bastante, Kracauer ainda denunciava o aspecto "claustrofóbico" dos filmes históricos, pois sentia que neles a câmera era impedida de se movimentar livremente, sob risco de revelar algum dado do presente – um relógio no pulso de algum gladiador ou um caminhão atravessando uma estrada ao fundo em uma batalha medieval, como gostam de reparar os "peritos em erros de filmagem".

Apesar das críticas de Kracauer, parece que a maioria do público estava disposta a jogar o jogo da transparência, a não ser que a reconstituição de época se descaminhasse para a sátira, o grotesco. Como afirma Woody Allen, qualquer um ficaria ridículo com aquelas calças justas usadas no período renascentista. Por essa razão, como vimos, há na produção de um filme de época uma negociação com os padrões de moda atual, e evidentemente algo do passado é sacrificado em favor da identificação operada com o público.

Os protagonistas dessas narrativas permaneciam sendo os tipos sociais proeminentes: os aristocratas do passado e os burgueses empreendedores do presente. A classe operária, principal público do cinema nos seus primórdios, era representada nas telas normalmente por profissionais dos espetáculos de variedades que desempenhavam no cinema papéis inspirados em comédias de costumes. Esse gênero se desenvolveria sobretudo nos anos 1920, graças aos trabalhos de Buster Keaton e Charles Chaplin: neles, o trabalhador vivia entre o desejo de se tornar um homem mediano e o desespero de ser considerado um vagabundo, vivendo situações de conflitos classistas e interclassistas no seu cotidiano, normalmente resolvidos de forma improvisada.

Com a Revolução Russa de outubro de 1917, o cinema ganhou um novo impulso – e também uma linguagem diferenciada, naquilo que Robert Rosenstone chama de "drama inovador", diferente do "drama comercial" hollywoodiano – um tipo de filme que ele observa que foi "raramente (ou nunca) produzido nos Estados Unidos":

> Os diretores dessas obras inovadoras são muitas vezes esquerdistas ou simpatizantes de revoluções, pessoas que acham que não somente os enredos, mas também a forma dos filmes comerciais, estão impregnados de valores individualistas e capitalistas que eles, como pessoas que trabalham em prol da mudança, desejam combater (ROSENSTONE, 2010, p. 82).

Evidentemente, a "inovação" não se esgota no processo de elaboração da narrativa, mas também na maneira de organização e apresentação das imagens para produção de sentido. E nesse campo destaca-se a figura de Serguei Eisenstein, o cineasta que demarcou uma nova maneira de encarar a montagem cinematográfica na produção de sentido. *A greve* (1924) foi o primeiro filme colocar a luta dos trabalhadores por melhores condições de vida e de trabalho como trama articuladora do filme. Foi também um dos primeiros filmes a ser analisado como fonte pelo historiador Marc Ferro, em seu já clássico livro *Cinema e história*.

Para empreender sua análise, Ferro compara o filme de Eisenstein com *A mãe*, lançado por Pudovkin em 1925. Segundo Ferro (1992, p. 118), os dois filmes demonstram que o movimento grevista, ao ser levado à categoria de um acontecimento cinematográfico, poderia ser parte do contexto social no qual se desenvolvem conflitos em um drama doméstico, como no caso de *A mãe*, ou ser o eixo principal da trama, como no caso de *A greve*. Para Ferro, nesses dois filmes os conflitos no seio da classe operária não passam necessariamente pelas visões político-ideológicas, mas sim pelas diferenças de geração, pela procedência urbana ou rural, pela função desempenhada dentro e fora das fábricas, na vida que se desenrola nos bairros operários. A propaganda através de panfletos, o desencadeamento espontâneo do movimento diante de algum fato que provoca indignação e revolta, a repressão violenta das forças do Estado e a indiferença dos burgueses revelam os mecanismos de uma engrenagem cujo funcionamento deve ser paralisado e modificado.

O que diferenciaria o enfoque dos diretores, segundo Ferro, seria o papel de um agente incentivador no desencadeamento dos fatos, no caso de Pudovkin, e a espontaneidade das massas e o caráter irracional do processo revolucionário nos filmes de Eisenstein – embora, agreguemos aqui, o filme parece apresentar-se como crítico do espontaneísmo. Também discordamos de Ferro quando afirma que o fato de esse tipo de filme abordar um assunto atual no momento em que é produzido acabaria por situá-lo no limiar entre ficção e realidade, porque segundo ele "não constituem somente um testemunho sobre o imaginário da época em que foram feitos; eles também comportam elementos que têm um maior alcance, transmitindo até nós a imagem real do passado". Esse não parece ser o caso, pois em certo sentido *A greve* poderia ser considerada um "filme histórico", na medida em que buscava recriar a situação da Rússia pré-revolucionária, retratando um fato ocorrido em 1903 – passados, portanto mais de 20 anos e levando em conta todas as transformações ocorridas na Rússia após a revolução de outubro e a Guerra Civil russa.

Ao analisar o filme *Outubro*, realizado por Eisenstein para as comemorações do aniversário de dez anos da Revolução de 1917, Rosenstone levanta uma série de críticas feitas na época em relação à ambição de se tentar retratar os acontecimentos do passado através de sua encenação diante das câmeras. E ele sintetiza sua posição em relação às possibilidades de análise dos filmes de ficção, resgatando as considerações de Marc Ferro ao considerar *O filme como contra-análise da sociedade*:

> Com filmes e história, temos de ser contraintuitivos para entender que, por mais realista que pareça, o filme dramático nunca pode ser um reflexo, mas tem que ser, como uma obra escrita, uma construção do passado. Uma narrativa prefigurada pela consciência do historiador/cineasta. Uma luta sobre o significado do presente e do futuro ambientada no passado. Um argumento sob a forma de um enredo; um enredo sob a forma de um argumento. Um argumento que também é um tipo de visão de mundo, uma visão que pode manter uma certa força e validade, mesmo depois de muito tempo da eventual suplantação dos dados nos quais ele se baseia (ROSENSTONE, 2010, p. 87-88).

Qualquer tipo de filme é passível de sofrer as mesmas críticas de *Outubro*: as coisas não se passaram exatamente daquela forma. E, preocupados com a verdade, os historiadores se posicionam de forma crítica em relação à ficção, cujo sentido não é se ater ao que aconteceu, mas, como na literatura e na arte, dotar de sentido estético as ações humanas. Um romance histórico também carrega incorreções quando confrontado com o avanço das pesquisas históricas: percebemos hoje que um personagem medieval de Sir Walter Scott não poderia ter se comportado ou se pronunciado de tal forma. Mas isso também é possível porque a pesquisa histórica medieval a que temos acesso hoje é muito maior e mais precisa do que aquela que o romancista inglês dispunha no século XIX. Além disso, sempre há vazios, lacunas, informações irrecuperáveis a respeito da vida cotidiana e detalhes dos episódios mais conhecidos. Mas, se para o historiador esses são muitas vezes "detalhes" dispensáveis para a compreensão do processo histórico, no contexto da narrativa ficcional eles se revelam fundamentais para o envolvimento do leitor na trama da história. Isso porque são eles que ajudam a caracterizar o personagem, a ambientação das cenas e o significado das ações, conectadas em um nível simbólico que é o que dota a história de significado, produzindo dessa forma o efeito estético literário desejado.

Em relação ao simbolismo, não há dúvida de que a linguagem desenvolvida por Eisenstein nos primeiros anos da Revolução Russa é muito mais sofisticada do que a narrativa clássica hollywoodiana. É comum, nestas últimas, que todas relações que o roteirista estabelece num nível simbólico sejam "explicadas" na própria fala dos personagens, que se emocionam ao compreendê-las. É o que ocorre no filme *Agonia e êxtase* (1965), onde o pintor Michelangelo, após ter se rebelado várias vezes contra a obrigação de pintar a Capela Sistina, explica ao papa Júlio II o significado da cena da "Criação de Adão", numa analogia à relação paternal que estabeleceu com o clérigo. Mas para aqueles espectadores que, apesar de tudo, não haviam percebido o caráter simbólico da projeção da figura paterna, há um diálogo entre os dois personagens no final em que eles "percebem" essa relação conflituosa entre o "filho rebelde" e a "autoridade paterna" no simbolismo da pintura.

A questão do trabalho de "reconstituição histórica" em filmes de época sempre interessou os historiadores e poderia ser inclusive um campo de trabalho regulamentado para o exercício da profissão: assessorar o diretor para definição de figurinos e utensílios, corrigir determinadas falas ou ações consideradas anacrônicas, fornecer detalhes biográficos importantes para a constituição de personagens históricas, etc. Mas a experiência de Robert Rosenstone nesse campo mostra que dificilmente há uma consultoria que seja levada a sério em todos os pontos pelo diretor e o roteirista, que desenvolvem seu trabalho "condensando" diferentes agentes históricos em um mesmo personagem, "abreviando" a distância temporal entre diferentes eventos e tomando "licenças poéticas" para tornar a trama mais interessante.

Se pensarmos em Colombo chegando às Antilhas, podemos saber precisamente o tipo de caravelas que usou, tripulação, seu armamento e hábitos de alimentação, tudo aquilo que estava nos registros e diários. Ao mesmo tempo, quando visualizamos no filme as caravelas, a caracterização dos marinheiros e objetos, temos uma ideia muito mais precisa do que aquela que nos pode dar o texto escrito. Em muitas gravuras e pinturas históricas, a chegada é retratada num radiante dia de sol, mas no filme *1492* (1992), a escolha do cineasta Ridley Scott foi representar a chegada num dia de neblina: a nova terra se revela diante dos olhos atônitos da tripulação, como se de repente retirasse um véu...

Na verdade, como as coisas se deram ao certo, em todos os detalhes, jamais saberemos. Mas essas brechas, existentes na literatura, não são permitidas no cinema. Ainda que não seja possível mostrar tudo – o que, do ponto de vista narrativo, não é necessário, a não ser o fundamental para a compreensão da história –, na linguagem audiovisual é preciso "mostrar", criar uma imagem mais ou menos fiel do passado. O risco do anacronismo é evidente, como observa Peter Burke (2004, p. 203) a respeito dos filmes históricos,

> Alguns destes anacronismos podem ser necessários, como uma forma de fazer o passado imediatamente

inteligível para o presente. Outros podem ser deliberados, uma observação sobre os paralelos entre acontecimentos mais antigos e mais recentes à maneira dos pintores históricos [...] De qualquer forma, certos anacronismos encontrados mesmo nos melhores filmes históricos parecem ser o resultado ou da falta de cuidado ou de uma falha em perceber em o quanto atitudes e valores mudaram ao longo do tempo.

Podemos afirmar, com base nessa argumentação, que o filme será mais fiel quanto maior for a pesquisa iconográfica e documental, que permitirá reconstituir trajes, penteados, cenários, mobiliário, armas e ferramentas, etc. E será tanto menos fiel de acordo com a intenção do diretor em atingir determinado público, sobre o qual ele se considera capaz de antecipar as expectativas. Assim, uma história de amor vivida no século XVII será interpretada por dois atores considerados belos segundo os padrões atuais de beleza, e não de acordo os parâmetros estéticos da época. Isso porque, por mais que os historiadores da arte tenham razão ao demonstrar que os critérios de valoração da beleza feminina eram diversos dos atuais, o público não os aceitaria. Os espectadores não acreditariam que uma mulher com aqueles atributos pudesse ser considerada por todos os homens daquela época como "linda". Sem a adesão empática, rompe-se o processo de identificação do espectador com o herói (ou heroína), regra fundamental para a produção do jogo da ficção, e a plateia fica sem capacidade de projetar seriamente suas emoções.

Em outras palavras, por mais verdadeiros que sejam os padrões de beleza de outra época, eles se tornam inverossímeis para o público atual. Eternos são os conceitos de "paixão", "beleza", "honra", "poder", embora seus padrões variem muito com o tempo – e, por essa razão, qualquer obra de ficção, para emocionar os espectadores, deve provocar sua identificação com a história, o que necessariamente envolve uma negociação permanente entre os valores do presente e aqueles do passado.

Esse problema é maior no cinema do que na literatura, pois nela a imaginação do leitor, por mais precisa que seja a descrição verbal, sempre tomará um conjunto de referências sobre o qual não se tem muito controle. Descrever em detalhes um traje a alguém que nunca o tenha visto foi um exercício do romance realista do século XIX, através da busca por conceitos e analogias, que gerou sem dúvida expressões literárias muito interessantes. Mas até hoje podemos nos perguntar o quanto elas se afastavam da capacidade de visualização do leitor, que, envolvido pelo seu próprio desejo, imaginava ou corrigia determinados detalhes que não se adequavam muito bem às suas expectativas. O realismo do século XIX desejava superar as limitações do meio literário para criar uma imagem precisa do mundo, e por essa razão esse estilo teria tanta influência nas teorias do cinema e na própria escrita da história.

A maneira como as imagens se sucedem no ritmo da montagem (muitas vezes sincronizada como ritmo da música) marca profundamente todas as relações de significado em nossa mente. Foi por esse fascínio pela potencialidade comunicativa do cinema que ele se tornou um dos objetos preferidos da psicologia, pela sua analogia quase perfeita com o real funcionamento da mente, principalmente do sonho e da memória. Era como se a imaginação humana tivesse ganhado uma expressão viva, mergulhando numa experiência de projeções e emulação de emoções. Um filme, uma série, uma novela de época são capazes de fazer milhões de pessoas "sonharem" com o passado. Claro que devemos nos perguntar que tipo de passado é escolhido, quais as características e fantasias que devem ser satisfeitas para sua viabilidade comercial e, nesse sentido, o problemático uso da "licença poética". Para viabilizar a narrativa de um processo histórico de forma inteligível, é preciso adaptar a história, e há técnicas utilizadas pelos autores para "abreviar" e "resumir" os fatos, "condensando" diferentes ações num mesmo personagem – que, ainda que represente um tipo social bastante verossímil, é muitas vezes criação da imaginação do autor. Mas, segundo Hayden White (2010, p. 219), esse é um tipo de crítica que pode ser feito igualmente aos historiadores:

> Nenhuma história, visual ou verbal, "espelha" todos ou mesmo a maior parte dos acontecimentos ou cenas do que ela se propõe a relatar, e isso também é verdade até mesmo para a mais estreitamente restrita "micro-história". Toda história escrita é produto de um processo de condensação, deslocamento, simbolização e qualificação, exatamente igual àqueles usados na produção de uma representação fílmica. É apenas o meio que difere, não a maneira pela qual as mensagens são produzidas.

Se essa é uma das preocupações dos dramas cinematográficos, no caso da televisão a questão se torna ainda mais complexa. Isso porque a narrativa dramática televisiva foi fundamentada a partir de critérios comerciais herdeiros da lógica do folhetim do século XIX. Partindo da busca pela fidelidade dos consumidores de jornal, os editores contratavam escritores que se demonstraram talentosos na técnica de "prender" a atenção dos leitores numa longa trama envolvente, desenvolvida em séries, cujo desfecho era sempre postergado para o próximo número. Através dessa "isca" para fisgar o leitor, o jornal não apenas garantia uma grande vendagem mas também conseguia convencer os anunciantes da eficácia de sua disseminação. Entretanto, os leitores pagavam para adquirir o jornal, o que deixou de acontecer com a informação obtida através do rádio e da televisão (esta última pelo menos até os anos 1980). Nesse sentido, a importância dos anunciantes se tornou ainda maior, bem como a importância do drama em série (a radionovela e, posteriormente, a telenovela) para garantir elevados índices de audiência em determinado horário.

O drama radiofônico e o televisivo se caracterizam, portanto – diferentemente do drama cinematográfico –, em função de se estabelecerem como uma série de duração muitas vezes indeterminada, onde as expectativas do público devem ser satisfeitas a cada episódio. Diferentemente de um "grande sucesso de bilheteria", ou dos mais extensos longas-metragens, um drama televisivo pode resultar em centenas de horas de transmissão, podendo abranger não apenas um período de tempo maior mas também um número maior de personagens (e tipos sociais) do que num filme. Isso significa reconhecer que a narrativa televisiva é potencialmente mais ampla e intrincada, embora nem sempre esse potencial seja explorado pelos produtores, em função dos custos que implicam. Seriados de televisão podem ser desde os simples *sitcoms*, comédias da vida cotidiana que giram em torno de um núcleo de 4 ou 5 personagens, até as telenovelas que envolvem vários núcleos dramáticos e contam com dezenas de personagens. Ao longo da exibição, a variação do gosto do público é sondada por pesquisas de audiência, além de outras técnicas mais refinadas para avaliar a aceitação dos rumos que a trama tomou, obrigando o autor a muitas vezes reelaborar o seu processo de sua criação. Como observa Mônica de Almeida Kornis (2007, p. 5):

> [...] o trabalho com as minisséries televisivas da Rede Globo voltadas para a história recente brasileira demonstrou como a história é mais que um pano de fundo na diegese. Isso porque ela não só contextualiza a ação, como também organiza as situações os próprios personagens, ao colocá-los identificados com comportamentos, valores e posições políticas no interior de uma estrutura narrativa codificada nos moldes do melodrama, além de corresponder ao momento da própria produção ficcional. Nesses termos, nossa investigação se direcionou para uma análise de como o gênero organiza a história e dessa forma como as minisséries conferem um diagnóstico da nação, cujo acento reside na moralidade, universo privilegiado pelo melodrama.

A recriação ficcional do passado, seja no cinema ou na televisão, é condicionada portanto por uma série de fatores, tendo como constante a aceitação do público que dá viabilidade comercial para as produções audiovisuais. O que aconteceria se houvesse um público acadêmico em número suficiente capaz de dar suporte a um tipo de produção audiovisual "acadêmica" na área de história? E se fosse empregado o máximo de especialistas como consultores de um filme, para a reprodução mais realista possível do passado?

Podemos tomar algumas tentativas de empregar o "máximo de realismo" na reconstituição da História: os filmes *Desmundo* (2003), de Alain Fresnot, e *A Paixão de Cristo* (2004), de Mel Gibson. Retomando as lições do neorrealismo italiano, a reconstituição parte primeiramente da linguagem: é necessário falar a língua da época, seja o português arcaico no primeiro caso, ou o aramaico no segundo. São línguas absolutamente incompreensíveis para o público atual, mas que possuem um poder evocativo na audiência. O excesso de realismo e a brutalidade dos homens do passado são chocantes e – no limite – produzem um grau de estranhamento que perturba a identificação do público com os personagens na tela. Mas esse parece ser o efeito estético buscado: o estranhamento diante do mundo, a reflexão sobre a condição humana, desfazendo a imagem épica-mítica do passado.

A questão da verdade parece não importar ao público em geral, enquanto os roteiristas estão sempre tentados a tornar a história mais interessante, acrescentando detalhes, interpondo obstáculos, formulando intrigas, fazendo diferentes personagens interagirem muitas vezes mais do que aquilo que está historicamente comprovado. Ainda assim, a ficção histórica permeia nossa imaginação do passado e assim nos ajuda a nos situar em diferentes épocas. Determinados detalhes podem ser corrigidos com o passar do tempo, deixando para que futuros historiadores identifiquem as "marcas da época" presentes na produção da reconstituição histórica, analisando, como havia apontado Marc Ferro, os dois tempos presentes no filme histórico: o tempo que está sendo representado pelos atores diante das câmeras e o tempo em que ele está sendo rodado, exibido e comentado.

Do registro audiovisual à narrativa historiográfica: possibilidades de expressão audiovisual do conhecimento histórico

A possibilidade de uma produção de conhecimento histórico audiovisual ou a mera "tradução audiovisual" desse conhecimento envolvem uma série de problemas. Entre eles, o fato de que são poucos os historiadores dedicados à produção audiovisual. Talvez por essa razão o historiador Robert Rosenstone tenha se arriscado demais ao afirmar que é possível "plasmar a história em imagens" e ao considerar que o diretor de cinema Oliver Stone seria merecedor do título de "historiador". O senso corporativo dos historiadores acadêmicos deslegitima qualquer um que produza saber histórico sem ter passado pelas cadeiras de teoria e historiografia, pois é assim que se aprende o "fazer da história": servem como uma vacina contra os equívocos cometidos pelos historiadores do passado.

Entre os que torciam o nariz para as reivindicações de Rosenstone estava Ian Jarvie, que dez anos antes havia defendido, num artigo intitulado *Seeing through movies*, que a tradição escrita da história era o pilar fundamental para o ofício dos historiadores. Entre as objeções colocadas por Jarvie à possibilidade de "plasmar a história em imagens" estava a observação de que um filme não permite a inserção de notas explicativas de rodapé. Em defesa de Rosenstone, Hayden White cunhou o conceito de uma "historiofotia", relacionado à expressão do conhecimento da história através das imagens. Resumindo a polêmica:

> Rosenstone se pergunta: pode a historiofotia expressar adequadamente as dimensões complexas, específicas e críticas do pensamento histórico sobre acontecimentos que, pelo menos segundo Ian Jarvie, caracterizam uma representação qualquer do passado como um relato claramente histórico? (WHITE, 2010, p. 217)

O caráter "pouco analítico" do filme, diante do discurso verbal, era considerado por Jarvie como uma deficiência crônica insolúvel da expressão audiovisual. Na relação entre cinema e história não era possível ir além de analisar o cinema como fonte da história, e para isso os historiadores deveriam escrever teses e livros sobre o assunto – e, eventualmente, assessorar a produção de documentários.

Apesar das divergências em relação às regras que devem nortear a produção de conhecimento histórico e o exercício da profissão de historiador, não há e dificilmente haverá algum dia um monopólio dos historiadores sobre a imaginação histórica da sociedade. O homem de senso comum forma sua consciência histórica através da escola mas também por uma série de produtos culturais, em grande parte audiovisuais, que são disponibilizados em bancas de revista, canais de televisão e boa parte da produção cinematográfica. Natural, portanto, que a "história acadêmica" manifeste seu menosprezo pela "história produto de mídia" como uma vulgarização superficial e espetacular de alguns eventos ocorridos na história. Contudo, como observa Sorlin, algumas fusões de imagens e sons possuem um verdadeiro "poder de evocação" do passado que o texto escrito não atinge.

O historiador americano Eric Foner, ao entrevistar o cineasta John Sayles, lembra que este também é um escritor e observa que, quando trabalha como consultor de cineastas, costuma dizer que "uma palavra vale por mil imagens", invertendo o famoso aforismo. Foner explica:

> Com isso quero dizer que se põe muito mais informação num livro do que num filme. Não significa que o cinema não possa ensinar de um modo bastante eficiente, estou apenas perguntando se, como escritor, você se sente limitado ao fazer um filme. O cinema apresenta as coisas de modo dramático, visual e direto, mas o meio não condiciona também omissões e uma simplificação exagerada, já que não se pode mostrar num filme tudo

quanto se pode pôr num livro de quinhentas páginas? (CARNES, 2008, p. 13).

Essas críticas, semelhantes àquelas feitas por Jarvie, acabariam se voltando, na resenha de Hayden White, contra as limitações inerentes da própria linguagem verbal. Afinal, pode ser verdade que uma palavra valha por mil imagens: se falamos em um "barco", certamente há mais de mil tipos de barcos diferentes a serem imaginados pelo leitor. Ou seja, nesse sentido, a imagem é muito mais precisa do que a palavra. E pior: haveria na palavra uma tendência ao anacronismo devido ao seu caráter "impreciso". Afinal, quando leio sobre um "senhor feudal", qual é a imagem que me vem à cabeça? Um cavaleiro medieval? Um aristocrata rural? Um fazendeiro? Um caudilho militar? E em cada uma dessas variações, qual é a imagem que fazemos desses tipos sociais? Tudo isso é preenchido pela imaginação do leitor. E mais do que isso: quantas das representações que lhe veem à mente não procedem de filmes?

Se um brasileiro de nível médio lê algo sobre a Batalha de Stalingrado, que ideia faz dela? Por mais que haja mapas e fotografias do local, não conseguirá visualizar o movimento das tropas e as estratégias em campo com a mesma clareza que me oferece o audiovisual, tanto através de "filmes" da época quanto de animações gráficas que mostram o avanço das forças nazistas no território soviético. Pelo contrário, enquanto o autor não oferece maiores informações a respeito do armamento utilizado, das divisões do exército, da vida cotidiana dos soldados, o leitor não terá mais uma imagem incompleta da guerra. Essa imagem, ele é levado a completar com as referências que dispõe na memória – por meio de analogias às vezes bastante grosseiras. Não é isso que também fazem os professores de nível fundamental e médio? A História ensinada nas escolas não é uma vulgarização? E ainda que a visão vulgarizada não seja suficiente, e que ela deva ser ultrapassada, ainda assim ela não é uma etapa necessária na construção do conhecimento?

Referências textuais podem ser mais ou menos exatas, de acordo com o conhecimento histórico-iconográfico do leitor, mas jamais serão tão exatas quanto uma imagem mostrada em movimento. Se essa é uma vantagem superficial e relativa do audiovisual sobre o discurso verbal, e que mesmo assim não compensa todas as suas desvantagens, é uma outra questão. Afinal, o nível de excelência acadêmica na produção de conhecimento histórico é apenas um dos níveis da produção histórica, e talvez não seja o mais importante em relação aos usos sociais que se fazem do conhecimento histórico. Talvez historiadores adestrados no mundo da escrita acadêmica continuem sofrendo da fobia ao mundo exterior e se tranquem nos arquivos e gabinetes como modernos monges copistas, buscando um refúgio da barbárie audiovisual que aflige o mundo exterior, ao produzir teses acadêmicas destinadas a preencher unicamente as prateleiras das bibliotecas universitárias.

A autoridade do texto escrito talvez seja, nesse sentido, mais um empecilho do que um auxílio na construção do conhecimento. A crítica de Jarvie em relação à impossibilidade de se fazer uma nota de rodapé num audiovisual pode vir a desempenhar algo de positivo no meio acadêmico. Pois, na prática acadêmica, a citação de referência raramente é utilizada para "checagem das fontes" e no mais das vezes transforma-se meramente em uma obrigação burocrática para amparar afirmações por vezes até banais e conferir-lhes um "estatuto de verdade". Às vezes não passa de um "escudo" na defesa de determinada interpretação considerada "arriscada". Nada de novo pode ser pensado ou pronunciado sem que antes tenha sido feito um rigoroso levantamento de tudo o que já foi dito sobre o assunto – o que, sem dúvida, era possível no tempo em que raras eram as bibliotecas e minguados eram seus acervos, mas que hoje se tornou impossível em função da multiplicação de acervos digitais.

Com isso, não desejamos dar a entender que as referências em relação à procedência de informações, bem como das imagens e sons, sejam dispensáveis para os demais historiadores – embora sejam comumente desprezadas pelo público em geral, mais interessado na informação do que em sua origem. As informações sobre as condições externas que envolvem a produção, a circulação e a recepção de um filme são fundamentais para sua melhor interpretação, e até os cinéfilos sabem disso. A grande inovação dos documentaristas atuais – extensível também para obras de ficção e mesmo para livros de história – é o reconhecimento de que uma obra jamais se esgota em si mesma, e é mais interessante pela curiosidade que desperta do que pelas eventuais respostas que oferece. E não só porque as informações que a cercam sejam fundamentais para compreendê-la, mas também porque há uma série de dados referentes às informações que ela traz e que não cabem em seu interior.

Minha experiência na Prática Curricular em Imagem e Som no curso de História da UDESC desde 2008 vem demonstrando que hoje os alunos, mesmo através de recursos modestos, são capazes de produzir narrativas audiovisuais bastante interessantes no campo da história. Elas colocam novos problemas em relação às diversas relações de significado possíveis entre texto e imagem na produção do conhecimento histórico. Os projetos são elaborados sob a orientação de um professor, e através deles se desenvolvem formas variadas de produção audiovisual, tanto em relação aos seus gêneros e formatos quanto no tom adotado. E isso não apenas em razão de tendências de personalidade ou preferências estéticas, mas também de acordo com o público a quem elas são direcionadas. A experiência dos estudantes em desenvolver um produto de mídia que aborde algum tema de história – muitas vezes de acordo com a demanda das escolas, professores e alunos de história – implica a realização de determinadas tarefas naturais do trabalho de historiador: um levantamento historiográfico mínimo, na medida em que não há possibilidade de grande aprofundamento sobre o tema em função do tempo, pois o roteiro deve ser exíguo, havendo exigência de simplificação da linguagem adotada. Em contrapartida, há a necessidade de realizar uma pesquisa iconográfica e videográfica muito mais ampla, ainda que a maior parte dela acabe não sendo incorporada, devido às dimensões do trabalho, que envolve bastante tempo de preparação e edição, ainda que o objetivo seja a produção de vídeos curtos (cerca de dez minutos).

Na maioria das vezes, não é possível realizar uma discussão crítica da imagem no interior do próprio conteúdo do vídeo. De qualquer forma, essa pequena experiência de produção audiovisual não se esgota nela mesma, nas exigências de uma rápida pesquisa, elaboração de roteiro, gravação e edição: ela implica também a produção de um ensaio a respeito da experiência de estágio, as dificuldades encontradas na pesquisa e seleção das imagens e sons, o desenvolvimento da narrativa histórica através do roteiro, as implicações éticas envolvidas no processo, o debate em relação à bibliografia que aborda os problemas da representação da história em meios audiovisuais, entre outros aspectos.

O estabelecimento de um padrão de estrutura formal acadêmica não seria incompatível com registro audiovisual. É possível realizar experiências videográficas – termo cunhado no âmbito da antropologia – onde historiadores se empenham sobretudo no "resgate da memória" de testemunhas do passado. É possível, igualmente, editar os fragmentos de depoimentos e organizá-los, sobrepor ao som das vozes as imagens a que fazem referência e até mesmo inserir curtas citações escritas que ajudam o espectador a refletir sobre o sentido da história a partir das imagens. É possível produzir um filme com as tantas exigências formais quanto um texto, embora não sejam exatamente as mesmas, e cujo "conteúdo verbal" tenha necessariamente outra linguagem e outras dimensões. De qualquer maneira, Hayden White observa que não são as dimensões do texto que definem a propriedade de suas ideias e argumentos – uma tese, uma monografia, um artigo, um ensaio são exemplos de como a comunidade acadêmica aceita essa variação.

De resto, referências marginais e exteriores aos filmes já são comumente veiculadas em "extras", desde o lançamento dos DVDs, que permitiram maior interatividade no acesso a diversas informações relativas ao filme, embora nem sempre sejam suficientes (BUSETTO *apud* GAWRYSZEWSKI, 2011, p. 172). Outras formas de interatividade vêm se desenvolvendo desde então, o que possibilita produzir vídeos com hipertextos que podem ser acessados na própria tela, em relação ao detalhe sobre o qual existe referência.

McLuhan já havia dito que, numa experiência com crianças, a compreensão de uma mensagem através do discurso televisivo era a mais eficaz. Não sabemos exatamente como essa pesquisa foi levada a cabo, nem qual era a mensagem, nem a quantidade de tempo que essas crianças haviam tido de exposição em relação à televisão antes da experiência – fatores que, sem dúvida, provocariam um enviesamento dos resultados obtidos. Seja como for, se o vídeo não é uma forma melhor de transmissão de conhecimento, não temos por que acreditar que ele seja necessariamente "pior". O que McLuhan queria observar na relação entre filme e conhecimento é que a linguagem audiovisual é, ela mesma, uma metáfora do próprio processo cognitivo:

> O fato básico que se deve ter em mente quanto à câmera de cinema e ao projetor é a sua semelhança com o processo do conhecimento humano. [...] A câmera grava e analisa o mundo à luz do dia com intensidade maior do que a humana, em razão do ângulo de 45 graus do olho. O projetor revela esse mundo à luz do dia sobre uma tela escura, onde ele se torna um mundo de sonhos (MCLUHAN *apud* LIMA, 2000, p. 158).

É claro que não há possibilidade em termos tecnológicos e financeiros de o historiador trabalhar apenas com meios audiovisuais na produção de conhecimento, e nem toda a reflexão histórica necessita ser expressa apenas nesses termos. Uma boa exposição oral e escrita a respeito de um debate historiográfico terá sempre impacto no público e será sempre uma forma eficaz de construção do conhecimento histórico. Mas não há por que, havendo facilidade de condições, renunciar a outras linguagens que obrigam os historiadores a refletir sobre seu ofício, suas potencialidades e os novos desafios que colocam. Apesar de a historiografia ter acumulado décadas de discussão em torno desse tipo de artefato, sentimos que estamos apenas começando a estabelecer uma verdadeira problemática em relação aos desafios éticos e metodológicos que envolvem sua feitura. Isso porque sua decodificação ainda é vista por muitos como "tarefa de especialistas", como se a linguagem escrita fosse a expressão "natural" do historiador e as demais linguagem servissem apenas para serem reduzidas a ela ou traduzidas nela.

Entretanto, não há por que ter pressa. Levando em conta que há um intervalo de cerca de 80 anos entre a invenção do cinema e sua aceitação como objeto de pesquisa acadêmica em história, podemos imaginar que a expressão audiovisual da pesquisa histórica ainda tardará algumas décadas até ser aceita nas universidades. Afinal, os historiadores, pela própria natureza de seu trabalho, dedicado ao resgate e à preservação de processos que tendem a se perder no tempo, costumam lançar um olhar nostálgico sobre o mundo. Cabe às novas gerações, sempre, assumir os desafios de levar adiante novas e variadas formas de fazer história, recolocando os padrões relativos ao rigor metodológico e as referências que permitem refazer o percurso de uma pesquisa e avaliar criticamente suas conclusões.

Referências

ADORNO, Theodore; HORKHEIMER, Max. *A Dialética do esclarecimento*. Rio de Janeiro: Zahar, 1985.

ADORNO, Theodore; HORKHEIMER, Max. A indústria cultural: o iluminismo como mistificação de massa. In: LIMA, Luiz Costa. *Teoria da cultura de massa*. Rio de Janeiro: Paz e Terra, 2000. p. 221-254.

ARISTÓTELES. *Poética*. São Paulo: Nova Cultural, 2000. (Coleção Os Pensadores).

ARMES, Roy. *On Video: o significado do vídeo nos meios de comunicação*. São Paulo: Summus, 1999.

AUMONT, Jacques et al. *A estética do filme*. Campinas: Papirus, 2007.

AUMONT, Jacques. *O cinema e a encenação*. Lisboa: Texto e Grafia, 2008.

AUMONT, Jacques. *O olho interminável: cinema e pintura*. São Paulo: Cosac Naify, 2004.

AUMONT, Jacques; MARIE, Michel. *A análise do filme*. Lisboa: Texto e Grafia, 2009.

BAECQUE, Antoine de; DELAGE, Christian (Org.). *De l'histoire au cinéma*. Paris: IHTP CNRS/ Éditions Complexe, 1998.

BARTHES, Roland. *O óbvio e o obtuso*. Rio de Janeiro: Nova Fronteira, 2004.

BAUDELAIRE, Charles. *Écrits sur l'art*. Paris: Librairie Générale Française, 1999.

BAZIN, André. *O cinema – ensaios*. São Paulo: Brasiliense, 1991.

BEATRIZ, Isa; MARTINS, Jodeilson; ALVES, Lynn. *A crescente presença da narrativa nos jogos eletrônicos*. Departamento de Educação. Universidade do Estado da Bahia. Disponível em: <http://www.comunidadesvirtuais.pro.br/buzios/publicacoes/sbgames2009/nevesmartinsalves.pdf>. Acesso: 02 dez. 2011.

BENJAMIN, Walter. A obra de arte na época de sua reprodutibilidade técnica. In: LIMA, Luiz Costa (Org.). *Teoria da cultura de massa*. Rio de Janeiro: Paz e Terra, 2000. p. 169-214.

BENJAMIN, Walter. Magia e técnica, arte e política. In: *Obras escolhidas*. v. I. 5. ed. São Paulo: Brasiliense, 1993.

BERCHMANS, Tony. *A música do filme*. São Paulo: Escrituras, 2006.

BERG, A. Scott. *Goldwyn: a biography*. New York: Ballantine Books, 1998.

BERNARDET, Jean-Claude. *Cineastas e imagens do povo*. São Paulo: Companhia das Letras, 2003.

BERNARDET, Jean-Claude. *Historiografia clássica do cinema brasileiro*. São Paulo: Annablume, 2004.

BUSETTO, Áureo. Imagens em alta indefinição: produção televisiva brasileira nos estudos históricos. In: GAWRYSZEWSKI, Alberto (Org.). *Imagem em debate*. Londrina, PR: EDUEL, 2011.

BURKE, Peter. *Cultura popular na Idade Moderna*. São Paulo: Companhia das Letras, 1989.

BURKE, Peter. *Testemunha ocular: história e imagem*. Bauru: EDUSC, 2004.

BURKE, Peter; BRIGGS, Asa. *Uma história social da mídia: de Gutenberg à internet*. Rio de Janeiro: Jorge Zahar, 2004.

BURCKHARDT, Jacob. *A cultura do Renascimento na Itália*. São Paulo: Companhia das Letras, 2009.

BULHÕES, Marcelo. *A ficção nas mídias: um curso sobre a narrativa nos meios audiovisuais*. São Paulo: Ática, 2009.

CANCLINI, Néstor García. *Culturas híbridas: estratégias para entrar e sair da modernidade*. São Paulo: Edusp, 1997.

CAPELATO, Maria Helena; MORETTIN, Eduardo; NAPOLITANO, Marcos de Eugênio; SALIBA, Elia Thomé. *História e cinema: dimensões históricas do audiovisual*. São Paulo: Alameda, 2007.

CARNES, Mark C. (Org.). *Passado imperfeito: a história no cinema*. Rio de Janeiro: Record, 2008.

CARPEAUX, Otto Maria. *História da música: da Idade Média ao século XX*. Rio de Janeiro: Ediouro, 2001.

CARVALHAL, Fernanda Caroline de A. Instituto Nacional de Cinema Educativo: da história escrita à história contada - um novo olhar. 2009. Disponível em: <http://www.mnemocine.art.br/index.php?option=com_content&view=article&id=167:institutonaccine&catid=42:historia-no-cinema-historia-do-cinema&Itemid=67>. Acesso: 02 dez. 2011

CAVALLO, Guglielmo; CHARTIER, Roger. *História da leitura no mundo ocidental*. São Paulo: Ática, 1999.

CARUSO, Paulo; POPPOVIC, Téo. No estranho planeta dos seres audiovisuais. Episódio 3: Realidade. São Paulo: Caos Produções/ Primo Produções. 2010. Série apresentada no Canal Futura. Disponível em: <http://www.primofilmes.net/video/no-estranho-planeta-dos-seres-audiovisuais/>

CLARK, Toby. *Arte e propaganda en el siglo XX*. Madri: Akal, 2000.

DUARTE, Elizabeth Bastos; CASTRO, Maria Lilia Dias. *Comunicação audiovisual: gêneros e formatos*. Porto Alegre: Ed. Sulina, 2007.

DUBOIS, Philippe. *Cinema, vídeo, Godard*. São Paulo: Cosac Naify, 2004.

ECO, Umberto. *Apocalípticos e integrados*. São Paulo: Perspectiva, 1990.

FERRO, Marc. *Cinema e história*. Rio de Janeiro: Paz e Terra, 1992.

FURHAMMAR, Leif; ISAKSSON, Foike. *Cinema e política*. Rio de Janeiro: Paz e Terra, 1976.

GAWRYSZEWSKI, Alberto. *Imagem em debate*. Londrina, PR: EDUEL, 2011.

GINZBURG, Carlo. *Mitos, emblemas e sinais: morfologia e história.* São Paulo: Companhia das Letras, 2011.

GOMBRICH, Ernst. *A história da arte.* Rio de Janeiro: LTC, 1999.

GOMBRICH, Ernst. *Arte e ilusão: um estudo da psicologia da representação pictórica.* São Paulo: Martins Fontes, 2007.

GRUZINSKI, Serge. *A guerra das imagens: de Cristóvão Colombo a Blade Runner (1492-2019).* São Paulo: Companhia das Letras, 2006.

HAUSER, Arnold. *História social da arte e da literatura.* São Paulo: Martins Fontes, 1998.

JAMESON, Fredric. *As marcas do visível.* Rio de Janeiro: Graal, 1995.

JAMESON, Fredric. *Pós-Modernismo: a lógica cultural do capitalismo tardio.* São Paulo: Ática, 2004.

KORNIS, Mônica de Almeida. *Cinema, televisão e história.* Rio de Janeiro: Jorge Zahar, 2008.

KORNIS, Mônica de Almeida. *Televisão, história e sociedade: trajetórias de pesquisa.* Rio de Janeiro: CPDOC, 2007.

KRACAUER, Siegfried. *From Caligari to Hitler: a psychological history of the German film.* Princeton University Press, 2004.

KRACAUER, Siegfried. *Theory of film: the redemption of physical reality.* Princeton: Princeton University Press, 1997.

LAGNY, Michèle. O cinema como fonte da história. In: NÓVOA, Jorge; FRESSATO, Soleni Biscouto; FEIGELSON, Kristian (Orgs.). *Cinematógrafo: um olhar sobre a História.* Salvador: EdUFBA; São Paulo: Ed. UNESP, 2009. p. 99-131.

LEROI-GOURHAN, André. *Le geste et la parole.* Paris: Albin Michel, 1964.

LIMA, Luiz Costa. *História, ficção, literatura.* São Paulo: Companhia das Letras, 2006.

LIMA, Luiz Costa (Org.). *Teoria da cultura de massa.* Rio de Janeiro: Paz e Terra, 2000.

MARTIN, Marcel. *A linguagem cinematográfica.* São Paulo: Brasiliense, 20003.

MARTÍN-BARBERO, Jesus; REY, Germán. *Os exercícios do ver: hegemonia audiovisual e ficção televisiva*. São Paulo: Senac, 2001.

McLUHAN, Marshall. Visão, som e fúria. In: LIMA, Luiz Costa. *Teoria da cultura de massa*. Rio de Janeiro: Paz e Terra, 2000. p. 153-162.

METZ, Christian. *A significação no cinema*. São Paulo: Perspectiva, 2007.

MORETTIN, Eduardo. Quadros em movimento: O uso das fontes iconográficas no filme *Os Bandeirantes* (1940), de Humberto Mauro. In: *Revista Brasileira de História*. v. 18, n. 15, São Paulo: ANPUH, 1998. Disponível em: <http://www.scielo.br/scielo.php?pid=s0102-01881998000100005&script=sci_arttext>. Acesso: 02 dez. 2011.

NAPOLITANO, Marcos de Eugênio. *Seguindo a canção: engajamento político e indústria cultural (1959-1969)*. São Paulo: Annablume, 2001.

NIETZSCHE, Friedrich. *O nascimento da tragédia, ou helenismo e pessimismo*. São Paulo: Companhia das Letras, 2006.

NÓVOA, Jorge; FRESSATO, Soleni Biscouto; FEIGELSON, Kristian. *Cinematógrafo: um olhar sobre a história*. Salvador: EdUFBA; São Paulo: Ed. UNESP, 2009.

OLIVEIRA, Dennison (Org.). *História e audiovisual no Brasil do século XXI*. Curitiba: Juruá, 2011.

PALHA, Cássia Louro. Telejornalismo de cineastas nos anos de chumbo: construções do popular no embate da "viola X guitarra". In: *Domínios da Imagem. Revista do Laboratório de Estudos dos Domínios da Imagem*. Programa de Pós-Graduação em História Social. Universidade Estadual de Londrina. Ano II. N. 4. Maio de 2009.

PEREIRA, Filipe; ALVES, Lynn. O papel do historiador no desenvolvimento de um game. In: VIII SIMPÓSIO BRASILEIRO SOBRE GAMES E ENTRETENIMENTO DIGITAL. Rio de Janeiro, 8 a 10 de outubro de 2009. Disponível em: <http://www.sbgames.org/papers/sbgames09/culture/full/cult23_09.pdf>.

PINHEIRO, Cristiano Max; BRANCO, Marsal Alves. Uma tipologia dos games. *Revista FAMECOS*. Porto Alegre: Ed. PUC-RS, jul. 2006. n. 15. Disponível em: <http://revistaseletronicas.pucrs.br/ojs/index.php/famecos/article/viewFile/889/676>.

PLATÃO. *A República*. São Paulo: Martin Claret, 2006.

POLLAK, Michael. Memória, silêncio e esquecimento. *Revista Estudos Históricos*. Rio de Janeiro: Fundação Getúlio Vargas, 1989. v. 2. n. 3.

RAMOS, Alcides Freire. *Canibalismo dos fracos: cinema e história do Brasil*. Bauru, SP: EDUSC, 2001.

RANCIÈRE, Jacques. L'historicité du cinéma. In: BAECQUE, Antoine de; DELAGE, Christian (Org.). *De l'histoire au cinéma*. Paris: IHTP CNRS/ Éditions Complexe, 1998. p. 45-60

ROSENSTONE, Robert. *A história nos filmes, os filmes na história*. Rio de Janeiro: Paz e Terra, 2010.

ROUBINE, Jean-Jacques. *Introdução às grandes teorias do teatro*. Rio de Janeiro: Jorge Zahar Editor, 2003.

SONTAG, Susan. *Questão de ênfase: ensaios*. São Paulo: Companhia das Letras, 2005.

SORLIN, Pierre. Televisão: uma outra inteligência do passado. In: NÓVOA; Jorge, FRESSATO, Soleni Biscouto; FEIGELSON, Kristian (Org.). *Cinematógrafo: um olhar sobre a História*. Salvador: EdUFBA; São Paulo: Ed. UNESP, 2009. p. 41-59.

STAROBINSKI, Jean. *1789: os emblemas da razão*. São Paulo: Companhia das Letras, 1989.

STAM, Robert. *Introdução à teoria do cinema*. Campinas, SP: Papirus, 2003.

VANOYE, Francis; GOLIOT-LÉTÉ, Anne. *Ensaio sobre a análise fílmica*. Campinas: Papirus, 1994.

VALIM, Alexandre Busko. *Imagens vigiadas: cinema e Guerra Fria no Brasil (1945-1954)*. Maringá: Ed. UEM, 2010.

VIRILIO, Paul. *Guerra e cinema*. São Paulo: Boitempo, 2005.

WILLIAMS, Raymond. *Television: technology and cultural form*. London/New York: Routledge Classics, 2003.

WISNIK, José Miguel. *O som e o sentido: uma outra história das músicas*. São Paulo: Companhia das Letras, 2006.

WÖLFFLIN, Heinrich. *Conceitos fundamentais da História da Arte*. São Paulo: Martins Fontes, 2000.

XAVIER, Ismail (Org.). *A experiência do cinema*. Rio de Janeiro: Graal/Embrafilme, 1983.

XAVIER, Ismail. *O discurso cinematográfico: a opacidade e a transparência*. Rio de Janeiro: Paz e Terra, 2005.

WHITE, Hayden. *Ficción histórica, historia ficcional y realidad histórica*. Buenos Aires: Prometeo Libros, 2010.

WHITE, Hayden. *Meta-história: a imaginação histórica do século XIX*. São Paulo: Edusp, 1995.

Este livro foi composto com tipografia Times New Roman
e impresso em papel Off Set 75 g/m² na Gráfica Del Rey.